Naxos Antologia pessoal
Elsa Cross

TRADUÇÃO DE ARIADNE COSTA E RENATO REZENDE

COPYRIGHT 2014, ELSA CROSS
Todos os direitos reservados

COORDENAÇÃO EDITORIAL Renato Rezende
PROJETO GRÁFICO Rafael Bucker
DIAGRAMAÇÃO Luisa Primo
REVISÃO Equipe Circuito
TRADUÇÃO Ariadne Costa e Renato Rezende

CONACULTA
FONCA

Esta publicación fue realizada com el estímulo del Programa de Apoyo a la Traducción (PROTRAD) dependiente de instituciones culturales mexicanas.

—

Esta publicação foi realizada com o patrocínio do Programa de Apoyo a la Traducción (PROTRAD) dependente de instituições culturais mexicanas.

Dados Internacionais de Catalogação na Publicação (CIP)
(Câmara Brasileira do Livro, SP, Brasil)

Cross, Elsa
    Naxos / Elsa Cross
    Rio de Janeiro: Editora Circuito, 2014.
ISBN 978-85-64022-13-3
1. Poesia estrangeira I. Título.
11-12902   CDD-869.93

Índices para catálogo sistemático:
1. Ficção: Poesia estrangeira 869.93

naxos
ANTOLOGIA PESSOAL

elsa cross
TRADUÇÃO DE ARIADNE COSTA
E RENATO REZENDE

CIRCUITO

PRÓLOGO   15

—

De *Naxos* (1966)
NAXOS   15

—

De *La dama de la torre* (1972)
MONTSÉGUR   15
A DAMA DA TORRE   17

—

De *Las edades perdidas* (1981)
PÓRTICO   21
ICARÍA   22
FLECHEIRO   22
DITIRAMBO   23
GAZELA   23
OFÉLIA   24
CIGARRAS   24

—

De *Espejo al sol* (1981)
RIO   25
CASCATA   26
ASSALTO   28

—

De *Destiempo* (1989)
GHIAIE   29
IRRUPÇÃO   (Sobre uma leitura de Nietzsche)   30
LINGUAGEM   31

—

De *Pasaje de fuego (1981; 1987)*
INVOCAÇÃO *(fragmentos)*   33

—

De *Bacantes (1982)*
BACANTES *(fragmentos)*   47

—

De *Baniano (1986)*
SRI NITYANANDA MANDIR *(O templo de Sri Nityananda)*   56
HERA   57
DARSHAN   58
NOME   59
FORMA   59
EQUILIBRISMO   60
O VINHO   60
LOTO   61
SHIVA DANÇANTE   61
UMA ADORANDO A SHIVA *(Sobre uma miniatura pahari)*   62
HAMSÁ *(fragmentos)*   64

—

De *Canto malabar (fragmentos) (1987)*   70

—

De *Singladuras (1993; 2010)*
KHAJURAO   84
BENARES   86

—

De *El diván de Antar (fragmentos) (1990)*   89

—

De *Jaguar* (1991)
JAGUAR   100
BACALAR   102
TENAYUCA   103
A RUMOROSA   105
XIBALBÁ (*fragmento*)   106

—

De *Moira* (1992)
AS VOZES (*fragmentos*)   109
A ILHA DOS MORTOS (*fragmentos*)   111
DESLIZAMENTO (*fragmentos*)   113

—

De *Urracas* (*fragmentos*) (1995)   115

—

De *Poemas del Niño Rām* (*fragmentos*) (2004)   117

—

De *Cantáridas* (*fragmentos*) (1999)   120

—

De *Los sueños* (2000)
O SONHO   124
AMANHECER   130

—

De *Ultramar* (*Odes*) (*fragmentos*) (2002)
AS PEDRAS   131
AS ONDAS   133
AS CIGARRAS   137

—

De *El vino de las cosas (Diritambos) (2004)*
EOLIDES *(As Filhas do Vento)*   141
OFERENDAS PARA KYPRIS   145

—

De *Cuaderno de Amorgós (fragmentos) (2007)*
A NOITE   146
OS FURORES HEROICOS   147
A PRESENÇA   148

—

De *Visible y no (fragmentos) (2008)*   150

—

De *Bomarzo (fragmentos) (2009)*   153

—

De *Nadir (2010)*
MORTE   162
O ABRAÇO   162
MIDSOMMER   164
GALAXIDI *(fragmentos)*   165
ASFÓDELOS *(fragmentos)*   167
GANGES   168
CODA   171

—

De *Escalas (2012)*
BADALADA   173
INSTANTE   173
BACO   174
CE SEUL OBJET   175

Prólogo
Jorge Fernández Granados

Não estou seguro de que a leitura da poesia de Elsa Cross seja uma experiência resumível, já que cada um de seus livros propõe um tema progressivo, característica que dificulta a escolha na hora de apresentar uma mostra antológica como esta. No entanto, este livro oferece uma virtude que talvez supere essa restrição: é uma antologia pessoal. *Naxos* vem a ser, então, Elsa Cross por Elsa Cross. Eis aqui a mais eloquente recomendação para sua leitura.

Os dois poemas que dão título a esta antologia, um escrito em 1965 e o outro em 1997, delimitam em grande parte o período que abarcam. Mas são, também, o nome de um lugar. Ilha evocada primeiro e visitada anos depois, *Naxos* poderia ser também aquela encruzilhada — signo da cruz que ocupa o nome da autora — entre a terra e o céu, entre a luz e o labirinto.

Mais que uma temática, o que sustenta o trabalho poético de Elsa Cross é uma percepção. Se trata de uma maneira de ver. Sua palavra, ainda que seja concentrada e conceitual, se apoia intuitivamente na evidência dos sentidos. O lugar, a paisagem com suas vegetações e suas criaturas específicas, mais que emoldurar parece encarnar o evento da visão. Há o que poderíamos chamar de um pensamento plástico incessante que tudo registra e tudo transfigura a um estado interior.

É evidente também, desde muito cedo, que Elsa Cross constrói seus livros como itinerários ou travessias, deslocamentos cuja verdadeira magnitude se acha na subjetividade de um orbe íntimo, próximo ao que Ramón Xirau define como *épica interior*: "o que algumas vezes chamei de 'épica interior' tão típica de muita da grande poesia de nosso século (Eliot, Pound, Saint John Perse), poesia de poemas extensos que, ao mesmo tempo, nos conduzem a um universo épico no qual não predominam as referências diretas e 'objetivas' da épica clássica, mas as referências muito mais escondidas de um mundo íntimo e, principalmente, subjetivo".[1]

Pasaje de fuego, livro escrito em meados da década de setenta, constitui um tipo de iniciação. Nele assistimos — não por primeira vez em sua obra, mas sim de maneira mais evidente — a um intercâmbio cheio de fulgor entre a depurada linguagem poética característica desta poeta e certos estados de consciência que ela vinha cultivando como geradores, precisamente, dessa depuração. Propostos à maneira de um trajeto ao interior do pensamento, no qual se pode detectar uma ordem que vai de uma invocação a um reconhecimento e deste a uma liberação, os nove poemas de *Pasaje de fuego* inauguram certa arquitetura ritual que estará presente, com diversas variantes, em alguns de seus livros seguintes, como *Bacantes, Canto malabar, Casuarinas, Moira* e especialmente *El diván de Antar*, onde provavelmente atinge um momento zenital. Uma arquitetura de escalas ou espirais que parecem ascender, em uma mesma medida de deslocamento, tanto na transparência da linguagem como em uma ordem mais sutil da consciência que não é alheia àquela transparência e que de alguma maneira a conduz. Esse itinerário conceitual participa de um movimento progressivo, embora não linear, composto a partir de motivos poéticos unitários. Espirais de aproximação a um centro invisível, mas radiante, em direção ao qual parece mover-se a maior parte dos livros subsequentes a *Pasaje de fuego*, mas que, de algum modo, já estava presente desde o princípio como desejo. Um centro ao mesmo tempo inacessível, paradoxalmente, à linguagem:

e destróis pela palavra
e sustentas pelo silêncio.

Centro de silêncio que imanta sua palavra e a dota de uma obliquidade metafórica cheia de sutileza e concentração, de um assédio circular a esse centro silencioso (ou mais precisamente inefável). Lugar

---

[1] Ramón Xirau, "Prólogo" a *Comparecencias (1968-1980)*, de Marco Antonio Montes de Oca, Seix Barral, Barcelona, 1980.

que, ao mesmo tempo, não poderia ser esgotado por linguagem alguma. Retomando o conceito da arquitetura, poderíamos dizer que estas amplas espirais ou escadarias ascendem e giram em torno de um eixo que é um espaço vazio.

> *O mar falava a nosso sonho. Sua espiral girava,*
> *girava dentro, nos envolvia —*
> *e não havia nada*
> *como no centro de um redemoinho: nada*

Outra figura que aparece com frequência é a do fogo e a dança, ou, mais precisamente, a de uma dança ao redor do fogo. Neste caso, o centro vazio é, por instantes, pura incandescência, fulgor que gira e consome quem entra dançando em suas labaredas. A espiral como uma dança ao redor do fogo, a espiral em torno desse centro vazio mas fulgurante. Algo nos sugere que dessa visão se desprenderam, como miragens, os outros percursos, as outras espirais. É possível, também, que haja uma alusão a Natarāja, o "rei da dança". Esta é a mais conhecida das representações imaginárias do deus Shiva no hinduísmo, segundo a qual, essa dança que possui um caráter cósmico representa ao mesmo tempo a criação e a destruição dos mundos: "a bipolaridade e a oposição entre ambas manifestações do deus ficam bem refletidas nas estátuas de Shiva dançante: enquanto seu rosto permanece impassível, sua transbordante atividade neste mundo toma o aspecto de uma dança que se torna desenfreada".2 Seja qual for este hipotético sentido, nestes movimentos de aproximação e afastamento em forma de episódios ou de sucessivos assédios alegóricos, Elsa Cross alcança uma plenitude poética incomparável. Como observou Octavio Paz, o que caracteriza sua obra é a conjunção de duas notas opostas que se conjugam harmoniosamente: a complexidade do pensamento e a diafaneidade da dicção.

Estamos diante de uma das obras mais honestas e singulares da poesia hispano-americana contemporânea, obra para a qual a classificação de *poesia mística* é parcialmente certa, mas não a define com precisão. Compartilha, é certo, com os poetas místicos um tema: a visão ou o conhecimento da divindade. Mas no caso de Elsa Cross, trata-se, tam-

---

2 Michel Delahoutre em *Diccionario de las religiones,* Herder, Barcelona, 1987, p. 1584

bém, de um complexo trajeto vital e intelectual que vai adquirindo, em seu desenvolvimento, uma forma poética, uma voz que não necessariamente narra, mas que *participa* de uma experiência numinosa, que se funde com ela e que, nesse mesmo processo, alcança uma feitura de plenitude verbal. Poderíamos dizer que a participação na visão numinosa transmite sua tensão à palavra e faz dela um vestígio, breve mas poderoso rastro de uma experiência de outra ordem. Este complexo trajeto intelectual, esta palavra meditativa e alegórica, no entanto, como toda manifestação verdadeira de beleza, não requer uma iniciação para ser desfrutada. É, simplesmente, poesia.

De *Naxos*

NAXOS

> *entregou-lhe um fio que ele atou*
> *à entrada do labirinto...*
> Ovídio, Metamorfoses

Partes imperceptível e mudo. Com furtiva rajada rompe a claridade incerta de meu dia
    Teseu súbito, vejo que te dissolves atrás do labirinto em que me deixas.
    Me destes a sede, o vento e a areia que se escapa entre meus dedos: testemunhos de teu estar intenso e repentino.
    Eu me perco outra vez, me confundo nos últimos resquícios do penhasco, intocados e escuros, reduzidos a seu oco exato e irremissível.
    Percebo às minhas costas a grave reiteração do mar em sombras, a ausência de gaivotas. E te aguardo calada, frente ao deserto incessante, tremendo como o borrado contorno de uma miragem.

1965

De *La dama de la torre*

MONTSÉGUR

I

Desde o vale
as ruínas diminuídas na altura,
a rocha áspera
encobrindo caminhos esquecidos.
(Quem abandonou o segredo na montanha?)
Cai sobre a cimeira o sol,
o branco sol do Meio-dia,
sobre os muros desolados e limpos,

abertos para o céu.
Cai sobre o vale.
Vegetação dourada, rochas,
contorno de montanhas
escuro no começo do outono.
Cai sobre o campo das cremações.
Tudo o incendeia novamente,
o vivifica:
a paisagem austera,
a memória,
eles,
que iam de dois em dois pelos caminhos.

II

> *...no m'abbiate a vile*
> *per lo colpo ch'io porto*
> *questo cor mi fu morto*
> *poi che 'n Tolosa fui*
> Guido Cavalcanti

Maltrovando,
perdida de todos e de mim
parto de terras lúgubres
para lado algum.
Reconheço nas ruínas minhas cinzas.
Amantes que ali arderam por amor e por fogo.
A mesma nota ressoou em violas e alaúdes,
a mesma oração nas fogueiras.
Só restaram muros derruídos,
a vaga memória de alguns nomes,
histórias inenarráveis
que venceram o silêncio do inquisidor.
Estas pedras enobrecidas
hoje professam também a solidão.
Vim desde tão longe
para encontrar-me aqui
decifrando lealdades e infortúnios.

—

A DAMA DA TORRE

Fui tão sombria como a dama da torre.
Cobri os pés com mantos de brocado
e à hora do crepúsculo
visitei todos os dias na janela
idêntica paisagem de montanhas douradas,
céu escuro e distante
singrado por aves más e por nuvens.
Como pôde caber
tanta desolação em dois olhos escuros,
tanta solidão em uma só vida.
Não há amor.
Só uma cicatriz dolorosa e profunda,
só a imagem de um perfil que se dilui
como nos saltérios fatigados
a última pavana da festa.
Onde está o cavaleiro ausente?
Em que bosque distante
se dessangrou sobre a erva escura?
Os rios, os vales, as veredas
convergiam para ti.
Onde estás?
Que o coração te veja ainda,
que os braços possam circundar-te
ainda que já não saibas.
Amado meu, esposo,
vais com os restos últimos de luz.
Venham as sombras,
venham as sombras para sempre.
Tenha eu
o castelo mais vasto
para passear minha solidão,
o canto mais escuro
para deixá-la um momento e recolhê-la.
Tenha cem galerias de cortinados negros,
tenha a mais alta torre
para ocultar-me no último desvão

e afundar minha cara em uma teia de aranha.
Tenha um campanário
que dobre o minuto de tua morte.
Oh varão belíssimo varão,
o que tangia a cítara ao entardecer,
o que tangia meu espírito e meu corpo,
o mais valioso e o mais sábio.
Não haverá calabouço tão estreito
que afogue esta fúria.
Dor tão mais aguda
quanto mais coisas saíram de suas mãos.
Que ao ver-me no espelho
perceba meu esqueleto somente,
as faces murchas,
os restos de cor entre os lábios.

Sou em quem verdadeiramente morreu.

Saiam as palavras que não são mais que palavras.
Saiam a formar miragens tão somente,
a não dizer o que as sombras são,
a não dizer que um ponto luminoso
pode ser também um ponto escuro,
a não dizer que é putrefata
uma paisagem de rosas e violetas,
a não dizer o que é perder a luz,
cair do mais alto
em um fosso de escorpiões.
Quem cantará o amor de novo.

Não é dizer nada
dizer que o coração se rompe.

Que a meu passo sequem os jardins
e caiam as aves de seu voo.
Emudeça para sempre o galo
que gritou no crepúsculo.
Não foi a aurora

a que me separou dos braços do amado
porque não sou a dama da torre,
porque tu não és somente o cavaleiro.
Uma rosa não é mais que uma rosa.
A metáfora não existe.

O anjo se transforma.
A figura puríssima e celeste
se torna obscena e insidiosa.
Vou discernir a santidade dos objetos,
minha santidade.
Dama serei dos tatus e porcos.
O gesto da minha cara
é o mesmo de um cavalo morto.
Que justa náusea de mim mesma.

Escutarei paciente
ladrar os cães do caminho.
Ascenderei do vale à montanha.
Serei melancólica
para que eu sozinha me encha de trevas.
Eu ponho nelas as trevas ou a luz:
as coisas. São simplesmente o que são.

O silêncio. O silêncio. O silêncio.

Trema teu corpo desprovido de amparo,
trema tua alma desnuda de consolo,
trema teu coração mordido por um tigre,
tremam tuas mãos inúteis e solitárias.
Seja em tua boca a palavra justa.
A vida é um longo caminho até a luz.
Mas ainda não é hora,
antes encolha-te
até não ser
mais do que por ti mesma és.
Falta andar o caminho em andrajos
com os pés descalços,

o deserto de pedras amarelas e rachadas;
falta esquecer que houve pássaros um dia.
Venha a purificação.
Arda meu coração em uma fogueira
até que sejam o dia e a hora.

Onde estás, cavaleiro, o mais belo de todos?

Grava com um cinzel teu rosto na memória.
Morramos nós dois hoje afogados na represa,
caiamos os dois num abismo,
sejamos os dois devorados pelo fogo.
A luz envolve a casca das coisas,
o limite pobre de meu corpo;
troca nossos nomes e os funde.
Cai, para que possa eu
tocar tua mão ao levantar-te.
Te cantarei minha cantiga desabrida.
Vou dizer as litanias da água transparente,
do sol que cai sobre as coisas,
do amado que cai sobre a amada.

A manhã.
Zumbem os insetos visitando as flores,
chega o vento até nós.
Faltam palavras,
ainda não disse nada.

Tanto amor apressará o momento.

Qual era o nome desse dia?
o nome daquelas folhas em forma de coração,
o coração que se...
que não se...

Comece a primeira palavra de louvor.

1969

De *Las edades perdidas*

PÓRTICO

Flores vermelhas, espinhas de aguda geometria,
signos interrogando
as colunas do pórtico.
Entre lisonjas do tempo branco veio,
rastro dissolvido
no jardim.
                   Sons de flauta,
                   vozerio longínquo.
E a pergunta ininteligível,
sucessão curvilínea,
reta agulha;
corpo desventurado entre dois signos
                           como serpentes marinhas,
árvore de sangue e pranto,
raiz que foge do sol
                    '*Oudéis ageométretos...*
e ouve no profundo as vozes de seus mortos,
                    o coração, oferenda de cinzas.
Uma ponta de jade o traspassa,
o sol captura o prisma em uma lágrima,
e a pergunta volta,
                     espreita de pantera.
Impávido silêncio o que rompe
quando fecha seu cerco
                    ...o sinal.

ICARÍA

A baía deserta ao amanhecer,
os barcos ancorados no cais.
E um estrépito de asas sobre nossas cabeças:
                 Ouve, ouve quanto mais forte o vento
                        voa para as alturas
vento que se estremece
se uma águia estende suas grandes asas.
                    Alcançará a púrpura e o ouro.
Outra voz deixa marcas em nossos rostos.

Lá o rumor do mar,
flores no deserto pedestal,
brilho na altura.
                   Vai morrer nas pálpebras do dia.
Tal é a noite dançando contra o tempo,
ébria, desventurada,
criando ao passar o mundo,
                   a incandescente esfera.

Lá o rumor do mar,
duas brancas asas estendidas
sobre a espuma da onda que se rompe.
                     Dia, dia o dia venturoso.

A voz, vento desnudo nas areias.
"Estamos aqui
         aqui trouxemos a palavra."

—

FLECHEIRO

Estava tua pegada nos caminhos,
árduos caminhos
que o sonho povoa às vezes de figuras,
jardins

onde um jacinto púrpura
floresce.

Coberta de despojos
percorri as sombrias regiões
e quanto maior a miséria
                      mais alto foi o voo.
Rocei os confins onde tu
semelhante à noite caminhavas,
oh tu, Resplandecente,
                      meu Destruidor.
E a noite mortal em sua beleza.

—

DITIRAMBO

Mosto nos lábios.
Ondeiam escuras orlas na fronte
os pâmpanos.
Salto de lince os olhos,
fulguração,
horizonte de limites vacilantes.

—

GAZELA

A gazela corre atrás do vento.
Na mansa ladeira
estremece
sua sombra sensível.
Oh flecha,
alvor do poema que transcorre
entre umbrosas celagem
e consagra o sol na pupila.

—

OFÉLIA

Sol multiplicado no âmbar da água,
                       rubra incisão.
Os juncos perseguem o voo da tarde.
só nas grandes profundidades
tais cantos reverberando,
tais coloridos
assim é a abelha em sua morte
e a jovem folha da palma.
(Ao lírio amarelo
                     verde abelha pergunta,
mais verde que os juncos —
e a junça verde
empalidece.)
A luz quebra o espelho.
A nota mais alta da lira
                     trespassa o labirinto,
a curva de cristal e sua pedra.
Um sopro contra o vento.
Do vento à têmpora
                     e da flor à água
em torno vibram opalas e sedas.
Retesa o vento a voz de abelha múltipla.
Vento boreal turvou sua têmpora.

—

CIGARRAS

Te embriagarás de ruído.
Serás em sua espécie
                     estridor de cigarras.
A que viste morrer
                     junto ao tanque
vive em teu ouvido:
                     chiado de asas verdes.

Pássaros.
Pássaros beliscam a argila de tua têmpora,
      taça de frutas.
À volta do dia
fraguarão seus fios luminosos.

Te alcançam gritos sem memória.
A noite é só ruído.
Não discernes a mão
     do muro em que ela pousa.
O grau de luz se altera.

As cigarras te falam ao ouvido.

1974-1976

—

De *Espejo al sol*

RIO

> *do mesmo sopro proferida,*
> *a mesma onda proferindo*
> *Uma só e longa frase sem censura...*
>   Saint-John Perse

Bocas seladas no começo de uma frase,
inflexões sem voz.

Alcançam um rio ao amanhecer
para além de seus corpos,
sem tato,
   sem ouvido.

A cada instante levantam
    vagas que os levam
para além de si mesmos,

do fraseado que alcançam
                    suas altas vozes,
do registro que abarca a voz inteira.

Rio sem fundo.
Se tocam terra
                    apartam suas imagens.

Somente devir.
Sonho entre as ondas,
dizer acaso para sempre os adeuses
                    do lírio e da alfazema.

E a imersão de súbito
                    se teu cerco se estreita.
Cravo em teu fôlego,
e em tua língua
                    uma frase
que se desata e flui
                    a contracanto.
Tal é a cabeça de Orfeu pelo rio.
Tal é a jovem solitária.
Nas margens geladas
desfia seu sonho entre as ondas.

—

CASCATA

Aletas contra as altas rochas,
saúde de aves migratórias.

No ar de súbito
                    intermitente
          um pássaro.
Imprevisível
          dança
                    contra a pedra,

salta com a água
            ao precipício,
traça em voo uma curva
elíptica
            caso se eleve
para além das rochas.
E eriçado de espuma
fixo cai
            o estrondo de água.
O sol um arco estende
                        em voo iridescente,
a flecha espuma e asa permanece.

Atordoamento na quietude,
claridade no grito,
confusão de quem tensiona sua força
                        contra o vento.
Pura de argilosa
testa por sombra não tocada,
caligrafia do sol
            entre linhas
que o cânhamo não apreende
e o vento não comove com suas vãs arestas.

Fiel seguimento dos astros
em apogeu distante,
            e o solo à espreita
produz rastros
que ao monte lançam
            e ao acaso resvalam.

Lustra o vento terraços aprazíveis
fresco espaço à sombra
                        se de sede perecem,
e se abatidos perguntam
                        por seus bens e sua sorte,
cruzam aves a linha do horizonte.

ASSALTO

> *faz girar, para todos, as feridas drenadas*
> *em seu tronco.*
> Aimé Césaire

De noite o passo do lince,
              ruído de folhas
nas serrarias.
De noite
        grito de símios,
fulgor oscilante:
           mimetismos.

Bebes na espessura.
A febre deixa em teus lábios
           cascas amargas.

Um ponto fixo.
Pela mira em cruz
lentos transcorrem campos,
suas feras e seus homens.
           Arrozais.

Tum-tum de guerra ao ouvido.
A febre retesa seus tambores.
O fogo cresce pelas estacas,
salta aos telhados,
alcança os ramos do carvalho.

Nas serrarias
triplica a noite sua fortuna.
Negro — o Baco —
           adormecido.
Seivas ardentes te embriagam.

Ante os olhos, exércitos.
Chamas
           aos quatro ventos.
Fogo sobre o umbral,
fogo nos telhados;
              vidro que estoura.
Brilho maligno
curvando o aço,
fundindo ao rubro
              sangue
o olhar.
Fragor, esquírolas saltam
                  — pedra ardente teu peito.

Uma grande árvore em chamas,
um grande tronco desliza
                  encosta abaixo.

Crosta escura
           tua pele.
Fortes braços os ramos
onde a aurora não surpreende
                    ruído de pássaros.

                              1976

—

De *Destiempo*

GHIAIE

No alto do verão
traçamos as vias antigas.
Ghiaie por toda parte,
seixos coloridos
no Jardim dos Cavaleiros da Cruz de Malta,
no Jardim das Musas.

O vinho abre talhos na memória.
Assim teu corpo:
não era o mesmo que refletiam as piscinas de Adriano?
ou o escorço da deidade marinha
impedindo-me a passagem em uma rua?

Desde o Palatino traçamos as vias antigas.
Mas nada tocava o coração.
Foram pouco para nós
os peristilos de luz sob o crepúsculo romano,
foram pouco para nós os ciprestes.

Adormecíamos em suas histórias,
e enquanto vinham degolar-nos
lá estava o dia com suas costas de cinza.
O fastio carcomendo os livros
e as boas maneiras à mesa.

—

IRRUPÇÃO
(Sobre uma leitura de Nietzsche)

Te alimentas de vento.
Do vinho a ponto de se corromper
quando te enfastiaram as misturas suaves.
Não há pó apaixonado.
O pó é pó,
e ao argumento vácuo da fugacidade,
e ao argumento insosso das rosas da vida,
e ao argumento discutível do amor,
opões o gosto simples dos corpos,
excedes a cor local das estátuas.
Mas já também carecem de interesse.
E quando te descobres bocejando
voltas a atenção às nobres coisas,
te alimentas de vento,
te nutres de grandes músicas e grandes poesias.

e voltas a te interrogar
frente aos "Bebedores de absinto"
quando descobres teu fastio
pelo absinto, pelos bebedores, pela pintura
e pelas nobres coisas.
Os exércitos do Reich marcham
com odes à alegria como telão de fundo,
Tannhäuser aberrante baba às portas de Roma,
e tudo pode se impregnar
dessa viscosidade tumefacta das nobres coisas.
Te alimentas de vento.
Te nutres de grandes filosofias e de grandes retóricas.
Oh engenhosos,
proposições não tão relevantes
como passar uma tarde no Prater comendo pipoca.
Ou uma retórica confessional que vai muito longe
só para dizer:
Krieg! Krieg! Krieg! Krieg!

—

LINGUAGEM

Naufraga de repente.
Afunda
              em sedimentos de eras tributárias.
Tanto afinal
              o fardo que convoca,
entulho e quinquilharias,
zum-zum de formigas aladas,
                        escarpas.
Conduz a seu favor
    a virtude precária, e sem ousadia.
Todo o ano suas formigas pontuais,
                          escravas sem glória,
garimpando em minas duvidosas,
tragando a fumaça do assédio,
para que em um instante,

                        de um salto
        — tigre de papel —
a garra se apodere de suas presas:
esfinges de cristal,
                quimeras quebradas,
bordão de cegos removendo calcitas,
                — esmagando formigas,
hidras acéfalas,
nádegas de Afrodite,
couraças de bronze
                — e a fala tão escassa da tribo.

Toda a tarde vê
como após o embate crescem os despojos.
Praias nulas,
                maré-alta.
Rochas sem apoio algas prolixas ostentando
                                argumentos em andrajos.
E cume acima cerração de um céu
                que não cruzam pelicanos.

Perde ao contato ouvido das ondas,
diz frases ao mar
                — como se ouvisse —
tenta — e consegue — cancelar num instante
a revoada que ergue
um giro ao acaso na memória

— *e naves vão para Bizâncio.*

1975-1977

—

De *Pasaje de fuego*

INVOCAÇÃO

Pelos campos desertos,
na eminência de um ponto
aonde acodem as aves de presa,
                        torre de silêncio,
entre piras ardentes
te busquei.
Cães de cemitério
fuçam sem pressa os rescaldos,
rastros de meus passos sobre a terra,
                        ligeiros,
pois basta o ar para dispersá-los.
No cume dos montes,
nas marcas de cinza sobre a testa,
em minha escrita cega
                que traça desígnios de teu jogo,
ali te busquei.
No timbre agudo do silêncio
a ponto de romper-se
                — as palavras.

É teu cortejo
a noite que alçou suas lanças
                      contra o céu.
É tua morada longe da memória
                      a altura glacial.
Dias fechados para o mundo,
tempo circular,
              invocação.

Apareces,
Destruidor,
                o Favorável,
Terrível,
          o Multiforme,

desde a rocha inerte
            até o desejo não pronunciado.
No salto ao abismo,
no gume do ferro,
na hora morta do descenso,
queda,
            dia em andrajos,
desapareces:
ali onde os olhos veem
teu rosto talhado na pedra.

Apareces
na roda de fogo,
o holocausto,
o néctar no recanto de cachos de oro...

      (Danço na margem da aurora,
        minha dança morre
              junto ao sonho.)

Desapareces.

II

A porta bate.
            Ao acaso
o vento precede os passos.
Aromas de sal
            e o caracol
junto à porta aberta que bate.
Salitre crescendo nos muros de cal branca
            — fuga de insetos.
A tempestade fraguando-se.
            Silenciosos relâmpagos.
Borboleta imóvel na folha,
fragor de rios subterrâneos
            calando todo outro rumor.
A porta bate.

Os passos se desligam de seus rastros.
Ante seu umbral
submete a memória seus desertos,
      seu fogo nômade.

A noite vai caindo,
     noite violada.
 A escaldam luzes.
Impura noite luz seu manto esfarrapado;
   seus astros guarda.
Se espreguiçam felinos,
      saltam
  à espessura negra.

A porta bate
    e terra adentro
   o inapreensível deslocamento dos astros.
Festa de insetos
    e o contágio carnívoro
       brilha sobre os corpos
  no ricto de uma dança atroz.
A escama furta-cor do olho imóvel
   oblíquo elegante e fixo
       sobre os corpos elásticos.
Quieta cantárida no cânhamo
       élitros sedosos,
baba de caracol,
crepúsculo lunar sobre as cascas.

Olhos como grãs,
     frutos de videira,
espelhos do deus entre nós
suas crias nutrindo,
seus dons abundando para aquele que não pergunta,
    oh doador imparcial.
Lenta pantera desliza
     o racimo goela adentro.
Branco manso inclina a cerviz.

O deus dita seu império.
Nas escarpas do monte
                          rubra a noite
rompe,
aperta seus flancos a neblina.

O raio se mostra,
o júbilo empurra suas turbas
                 em fila aos desfiladeiros.

Lugar de pedras quebradas,
dará pele à voz,
              nuvem aos rostos,
pois tantas armas foram ali vencidas.

III

A que partirá na noite
              tocada pelo raio,
oscilando
       entre o salto ao vazio
       e o regresso já impossível,
olha
       atrás dessa porta
              onde o vento açoita
       aspas de nácar,
                    sinos do vento,
atrás da porta vencida
                   observa
o olho imóvel
fixando o ponto mais distante e o alcance
                             — campo rival.

Um jogo não sabido
                 lhe arrebata os pés.
(O século se apodera de suas presas.)
De uma só vez cai sob o fogo
               e é o fogo queimante,

suas mãos são de fogo,
seus dedos abertos contra o céu
                decretam extermínio,
descrevem o ângulo frio
em que a morte,
                grande pausa,
é um passo que a dança dissipa.

Raízes a seus pés,
serpentes
                ondulam terra adentro,
levíssima fissura,
                tremor de asa
e de súbito ascende
trepidante
voz
                que tão francos movimentos dita
à dança de espinhos eriçada.
Espelho d'água.
                Chama fulgurando.
Salta fora do tempo
                — pés de gato.

Atos pressentes da noite.
Lua presa nas nuvens
ata os cabelos
                na sombra de um grande pinho.

A seus pés os vales de verdura.
Touro agonizante.
                Acéquias.
Fração.
        Flexão,
as mãos tensiona,
              brotos,
     rígida casca
enlaçando no ritmo
              sua ágil trepadeira.

A destra mão cobre o céu arborescente
e a esquerda
     dádiva do solo,
já fungível, já pedra destroçada.
Mutação cedente para quê limo.

Ligeiros pés
em água revertem biseis congelados,
seda na garganta
     pulsa o canto agonizante.
Ah suavidade,
tremor de asas que se dobram
      em uniformes desígnios.
O olho zenital
azul veste as penas
e o pescoço que se alonga
     cascavel
Fria pedra de máscara
     seus brancos caninos
a hera entrelaçando
dura de inverno
   ávida.

Aroma de pinheiro traz o vento.

Ulula entre os montes
e parte folhagens vertebradas,
da alcance às mãos
que o olho segue equidistante
     e múltiplo.
Ulula entre os mortos

  escalão escabelo chocalho
    para teus pés

Turbas levanta de sua dança,
    ronda funeral.

Espreita o olho do que dorme
soma ao gemido inerte
                         um chiado nasal.

           escalão escabelo cascavel
                        para teus pés
              pedra ao fundo do poço
                e ao ninho no cipreste

O eco não extinguem os muros boquiabertos.

Bebedouro de larvas
borda do poço da morte,
e no fundo, oh meu amor,
             acharão nossas joias oxidadas
                 nossas oferendas vãs.

VII

E buscar o caminho de regresso
                   emergindo do pó.
Cada volta de coração funde limites
de espaço vazio e terra firme.
Vertical labirinto da insone,
passos de quem rastreia o fio
de sua morte
           eludindo escassamente a penumbra.
Umidade de sepulcro entreaberto.

(A Face manifestada nos muros,
nas folhas das bananeiras, brilhantes
               depois da chuva.)

Leva à borda do penhasco
a maltrapilha desnudez
balbuciando
          sua ladainha monocórdia
ou escapa areia abaixo

até o estrato puro de sal morto:
                    coração a destempo.

   E dentro do silêncio a voz,
                    a própria voz
   invocando qual autoridade incerta,
   quais deidades que a um tempo concediam
   vontade igual de queda e retorno
   e em ambos a Face,
                    resplandecendo!

O fio entre os dedos se afina.
Um tombo-- surdo vai do pensamento
ao passadiço cego,
do giro de inseto em agonia
                    ao eco mudo.

Ah, tentação do sonho para sempre.

E dentro do silêncio a voz,
sem ressonância,
                    perdendo
como contas um colar que se debulha
seu equívoco tributo de palavras
                    uma a uma
sumo de enfraquecidas vinhas.

E no jardim a plural contenda
do crepúsculo.
                E esse rumor da chuva
sobre as grandes folhas.
E ali a Face abarcando o firmamento,
                epifania puríssima.

(Remonta a altura
ou derrama sua sombra
                    em espirais
e sua sombra cobre mas não toca.)

Espreita há no piedoso silêncio do regresso.

A tentação do sonho detém
                o Nome impronunciado.
Aquele que ressoa nos ouvidos que não ouvem
e faz brilhar olhos que não veem,
o que é louvado pela língua emudecida.

Oh vórtice cego da noite
perpetuando o lentíssimo assombro do ser
                ante seu nascimento,
alça teu canto no profundo
antes que o fio da aurora
                caia sobre tua nudez,
antes que vista teu sangue o horizonte,
como pálio de púrpura
algum homem de altíssima linhagem.

VIII

Olhar que perde
                na água
Solidão
                reflexo turvo
deixa em seu sonho
                círculos concêntricos
Sua roupagem de fumaça
                apaga os espelhos
apaga as sombras
                as luzes do sol
nas estátuas
                O outro
o duplo, eu
                o que pregunta, eu
respondedor
                o bobo de Deus
menina mendicante
                busca sua tumba

Profecia cravada
                    no deserto
Chama viva
                    na água
Pactua com insetos
                    fala com os mortos
finge a voz do vento
                    ulula, cala

Dormir   dormir
                    despertar

Ao canto ou à loucura
estende a aurora seus véus de fulgores tão pálidos.

Áspero cume a noite,
                    seus espelhos de jade.
O riso de âmbar nos ramos,
encerrada claridade
                    assoma e foge.

Oh Tenebrosa, oh Pálida, Suntuária.

Cobre teu perfil o plenilúnio.
Cisma o tempo
                aberto
      à deriva.

Dormir   dormir
                    despertar

Caem ardentes grades.
Esgota os limites do sonho
e cruza o branco pasmo
                    de olhos fechados.

Palácios de cinza.
                Subterrâneos.

Seus pés são de fumaça.
Seus braços são serpentes.
Seu pescoço se eriça
                      de escamas de ouro.
Seus olhos,
           ocos que olham.
Salta —
        respondem codornas.
Seu grito é de vento.
Seus braços são ramos
Seus pés
      entre a pedra
                      são raízes.
O ramo toca o céu
                a raiz o inferno.

Dormir   dormir
                despertar

Leão ao oriente
                estendido em seus terraços.
Touro que mata.
Serpente que desliza ao ouvido
                        seus silvos enfeitiçados.

Gretas se abrem na terra.
As letras do Nome
                por um instante
ardem
      em sua testa,
deixam ao borrar-se
                    espectros negros.
Desatam
       o cataclismo,
lançam o raio
           — desde céus abertos.
Estrondo,
corpo dividido

     — o percorre a luz —
se acende sua raiz de fogo.
Ponto de sucção
    olho no vazio.
   Gérmen.

IX

Signos no dia,
    propício,
se ao amanhecer
a ordem pôs suas espadas de gelo,
suas frases retilíneas
    contra a pletora indistinta.

Desconhecidas gêneses afloram
sobre a pele de um tempo murcho
     entre paredes negras.
(Idade escassa nos campos
se vê crescer entre feras,
vê fugirem as estrelas
   que caem em uma greta.)

O dia traz
   — também a noite —
um gume sem fio,
o gosto do ferro
travando as línguas e os sexos.
Dança
  decapitando seus deuses ébrios
deus
  dançando sobre sangue
     montanhas desossadas
  sangue penas cabelos
     desaguadouros
colar de crâneos.

O dia
 — transcorre em outro espaço —
é a cifra marcada
anulação do tempo
                    retorno
cifra que temem na sombra
                    as velhas quimeras
porta do precipício
                    cifra maldita
porta ao alto
        grito em meio à noite
                    transpassando os átomos do tempo
                                        até a origem.

Ascende custodiada pelas asas de fogo
        desde seu poço de infortúnio
                                        prisão
                                cisterna seca.
Arrebata-lhe o fôlego
            rajadas de luz
                        jorros de água
                ventos
acima a levam
                    furacões
línguas de fogo
                seus cabelos.
Nua
        cobre a sombra com seu corpo
                            a cauda do dragão.
As trevas ferem suas costas
resplendor negro
                em seu contorno.
A luz olha sua testa
                corpo de lua
        metade de fogo   metade escuridão

                contraforte do caos
                rotação sem memória
                            círculo
            rompe os ventos cardeais
sons dispersos
                            de seu confim agudo
deslocam
            o vazio
desintegram partículas mudas
vão
        sem fundo
                    pelo olho do vórtice
                                — poço do abismo
chave giratória
                gravitação suspensa
no sopro de ventos que confluem.

Voz
        emanação de fogo
língua sacra
                ───
                        fazedora de forma
                anula o incriado
                subtrai a cifra imóvel
                    fração / fissura
                    imantação do outro
                        sílaba ardente
            semente   diamante
                    greta de luz

Coroa tocada pelo raio.

1975-1977

—

De *Bacantes*

BACANTES

I

Na fonte submergimos.
À sua corrente entregamos nossos corpos
como bancos errantes,
terra que se desprende
levando a margem de juncos.
Fluímos por suas transparências
E no fundo desse leito
nossas pernas roçavam um musgo suave.
Plantas se enredavam em nossos pés.
Sentíamos passarem esses peixes
que em um descuido, desciam,
grudavam nas coxas das mulheres.
E o tempo todo, uma frase nos ouvidos
pulsando até o limite suas cadências mais altas.
Rio abaixo víamos os galhos contra o céu.
O sol desenhava em nossos corpos
A sombra das folhas.
A brisa trazia seu perfume.
Passamos embaixo de um salgueiro
E seus galhos detinham pelos cabelos
todo esse impulso rio abaixo.

II

Rodeados de morros feito muralhas
Os homens jogavam nos terraços.
Ruído de corrida sobre a grama.
Um azul violáceo no ar quando o sol entrava.
Os pássaros iam se calando.
Os morcegos alçavam seu voo errático.
Os homens corriam atrás dos pontos do jogo,
seus gritos reverberavam entre os montes.

Ovação.
Te levantavam nos ombros,
te levavam encosta abaixo para celebrar.
A cada saída dessa vila, um templo.
As sete portas resguardadas pelos arcanjos, diziam.
E o que nos coube se embriagava nos portais,
falando do céu e do inferno
como de lugares separados por duas polegadas
dentro do corpo.

III

Nada de teus prestígios santos.
As mulheres te esperavam como um advento,
E chegaste com maconha nos bolsos,
os cabelos em desordem,
acabado de voltar vai saber de que andanças.
E tinhas alguns enigmas a responder
como à Rainha de Saba.
Rías de vê-las tão piedosas,
tuas irmãs de leite,
e como Shiva no Bosque de Pinheiros,
estendendo um grande falo
seduziste-as sob as barbas dos maridos,
os ascetas.
E elas te seguiram.
Nenhuma maldição te alcançava,
oh Fumador-de-Ervas-Intoxicantes.
Acima, sinais de espelhos nos ramos.
A terra quieta, esperando,
como em dia de muita festa.
E para lá desciam os sopradores de conchas
com suas flautas e seus tambores tristes,
seus chocalhos de sementes secas.
Dança de espelhos sob o sol.
No bairro da Cruz trovejavam foguetes.
Nos postes balançavam bandeiras coloridas.
O povo bêbado nas ruas

ia em procissões cambaleantes,
a ponto de cair nas pedras desiguais.
À noite fogos de artifício,
teus espelhos de fumaça.
Os foguetes retumbando como disparos.
Gente amante do fogo.
Em tantos lados achamos
cartuchos de bala mofados,
queimadura de pólvora nos muros.
As crianças sopravam cataventos,
sopravam contra as flores
dispersando suas pétalas no ar.
Mulheres te seguiam.

IV

Na beira do barranco esperávamos a noite.
Por esse vale que estava a nossos pés
não passearam os olhos dos Conquistadores?
As luzes começavam a acender
e nossas mentes se apagavam,
pois a vigília abria seu ventre de aranha,
suas deusas brancas.
Nos saciamos de vinhos e fragrâncias.
A cada noite uma prova de fogo,
como os Bardos nos montes desertos
à força detendo maldições atrozes
e divinas.
Sem saber se sairíamos com vida desse túnel,
dessa noite aberta para o nada.
Vinhos dulcíssimos
Deixávamos cair pela garganta.
Nos saciamos de mel.
E no alto da noite
a graça inaudita de teu corpo.
O mundo se fechava sobre nossas cabeças,
se perdia após a chuva.
Esquecíamos de cuidar dos filhos,

como Bacantes,
esquecíamos das casas.
Festa era a chuva sobre o monte.
E quem podia prever se não seria fulminado?
Transgressão aberta.
Tanto espanto,
tanta beleza criando em torno um vazio
nos sugava como olho de tempestade.
E te entregavas ao meu deleite.
Te seguimos no descenso até teus antros.
E no fundo só havia
patas de insetos roçando-nos as costas,
asas de borboleta.
E a deusa fecunda
afogando-nos contra seu ventre úmido.
Caíam relâmpagos,
rodavam trovões no céu
da crista das colinas à terra de ninguém.
Caminhávamos quase sobre o ar,
como por terrenos minados.
E uma explosão nos trouxe tamanha glória.

VII

Éramos feridas abertas.
A sensação se perturbava.
Tua voz inventava registros em meu ouvido.
Teus almíscares me embriagavam mais que o vinho.
Nos feria o prazer.
Inesgotáveis,
ébrios,
nossos corpos, a oferenda,
como frutas que deixam as mulheres
nas praias do sul e o mar as leva.
Nos perdíamos do mundo.
Desenhávamos barcas no ar
e íamos embora dentro delas.
A noite toda caíam para nós

dons do céu,
a chuva sobre as árvores,
e essas gotas brotando do peito,
ah, nosso *soma* —
onde terminavam os corpos?
Que corpo era de quem?
Eu sentia em teu ombro minha carícia.
Teus pensamentos passavam por minha mente,
e onde os desejos se juntavam
levantavam do ar aves de fogo.
Eu fluía dentro de ti.
E tu quem eras?
Só um enxame de abelhas,
água brilhando como joias.
Ondas de sensações nos sacudiam,
devolviam-nos à margem.
Tanta vista do mar deixar atrás,
tantos bosques,
tanto de teu corpo.
Estender um véu em chamas sobre as formas —
que perdíamos ao olharmo-nos demais por um instante,
no debater-se intempestivo
de tuas coxas.
Assim morriam os peixes nas redes.

VIII

Teu rosto arranhava.
Sob os toldos do mercado
um brilho verde na tua testa.
Teus olhos, saídos de algum lume,
saídos de qualquer paragem tosca,
viam sem ver os pratos de comida.
Um brilho verde,
como ora refletindo as árvores,
ora vendo o campo afora
onde esperavas encontrar certa planta.
Procuramos entre rochas vulcânicas

para encontrar flores roxas crescendo na pedra,
cactos de formas finas.
Todo o campo de tezontle.
Mal caminhávamos
e a tarde também enegrecia.
Passamos a noite sob uma macieira.
Procuramos no monte, sem brechas.
Voltávamos esfolados.
Procuramos sem achar,
em ruínas de pirâmides onde caías adormecido,
devorador de cogumelos,
devorador de iguanas.
Me enredavas em teu sonho,
me fazias rastejar.
Minha língua se alongava pontiaguda
para devorar formigas que andavam em teu pescoço.
E teu suor tinha cheiro de hidromel.

X

Trepadeiras com suas flores azuis
na impunidade desse dia
sem uma só nuvem sobre agosto.
Mortos de sede,
correndo por um caminho estreito
com suas cercas de espigas rosadas dos lados,
seguindo em um quinteto
o contraponto de violas,
subíamos a encosta.
Destampadas garrafas de vinho.
E cuidando para não matar cordeiros,
para não despencarmos em um piscar de olhos.
Anjos guardiões nos alertavam
justo a tempo de não nos incrustarmos na colina.
Perseguidos por quem corríamos assim?
Seguindo a quem?
Detidos de noite por tropas em busca de guerrilhas,
iluminadas com lanternas,

as armas mirando-nos.
E tantas borboletas consteladas nos para-brisas.
Ah, tuas oferendas.
Jogavas jasmins no vinho.
O vinho, inesgotável, mais rubro sob o sol.
Ou bebíamos à noite licores nauseabundos
em bordeis das cercanias.
Celebração incessante,
à custa de tanta vida nossa,
as caras tão pálidas.
E o sorriso inextinguível,
pois em qualquer parte
renascia,
Espalhafatoso, Delirante.
Bebíamos mostos de sua boca.
Nossos corpos ardiam.
Demorar um instante a mais nos calcinava.
E quem podia deter-nos?
Quem podia deter
essas plantas trepando pelo muro?

XIII

Intoxicados,
com o olhar pousado em outra parte,
oh frívolos,
propiciando os manes de outra estirpe
nos saciamos de beleza.
Ébrios,
ouvíamos com o corpo,
ditávamos modulações estranhas,
dissonâncias.
Uma gota caía
filtrada entre a pedra,
honrando o deus desconhecido.
Dali olhávamos o mundo,
uma porta vigiada por leões,
uma torre cônica aberta ao infinito,

e a gota que cai,
pulsando nossos corpos,
vibração de sistros.
Um mar girando agitado pelo fogo.
Veneno azul em minha garganta.
E a gota perfurando a imagem do meu deus,
enchendo os sentidos com sua música.
Uma pausa se abriu
absorvendo-nos de repente no silêncio.
O mundo se deteve no centro de um eixo.
Aspas de fogo em torno.
Só ascensão,
nudez.
Dez braços de teu tronco portando chamas.
Tua testa como sol.
Raios girando.
Danças,
e em torno só há cinzas.
Eu mesma me torno cinza,
danço, desapareço.
E de teu corpo presa,
transpassada,
oca como taquara,
sou o leito de um rio,
força que se desprende como asa,
um fio de azougue,
um sopro.
Giramos no alto.
Circulação de luz.
Não há fôlego.
Voamos no silêncio,
no vazio aberto.
Estamos dentro do relâmpago.

XIV

Nenhuma imagem,
nada que indique curso

só a gota filtrando-se na pedra,
transbordando correntes onde nos submergimos.
E aquilo que percebíamos com os olhos abertos
se desprendeu das margens da vigília
para fluir por essas transparências.
Dissolução.
Oferendas arrebatadas pela onda.
E somos ao descender matéria que se desfaz,
pó estelar.
Inseparável nossa respiração.
Intocada nossa seiva.
Oblação.
Dissolução.
Um braço de rio que detém
um montão de folhas secas,
abelhas desfeitas entre flores.
Somos braços perfurados pelo vento,
cabelos que ondulam sob a água,
ossos descobertos.
Somos só caveiras,
caveiras de cristal, e dentro,
galáxias, nebulosas, astros girando.
Um punhado de cinzas,
esqueletos no fundo do barranco,
um fantasma de salgueiro,
uma voz sem som.

XV

Caminho pelo átrio.
Todo o chão coberto de sinos violetas.
O encontro exaltava meu coração.
Dentro do templo
os sete arcanjos pintados nos muros.
A tarde de maio florescia.
As oferendas a Maria
secavam no arco triunfal.
Miguel espada em punho guardava as portas.

Mas não íamos ao templo.
Tanto gentile e tanto onesta pare.
E ao virar
a graça de... Rafael? em teu sorriso.
Caminhei entre as tumbas
até te encontrar sob os jacarandás.
As cercas de tijolos cobriam-se de flores roxas.
Um cheiro ambíguo.
Abaixo das cercas gritava o criador de porcos.
Grunhidos suínos invadiam nossa conversa.
E não dará nome a tuas espumas,
pois os poetas mentem demais.

1981

—

De *Baniano*

SRI NITYANANDA MANDIR
(O templo de Sri Nityananda)

Sorri desde estátua.
Seu peito reflete
as chamas das lâmpadas
                        flutuando em círculos.

Incensos,
              cânfora.
E traz a chuva um cheiro de jasmim
à janela
        vigiada por uma cobra de barro.

(Mais fragrância em suas mãos.)

Os cantos começam.
Pardais dentro do templo,
salamandras que deslizam pela parede —
e os pardais quietos

       como se escutassem

  Vande jagat káranam

Causa do mundo
dono do mundo
forma do mundo
            destruidor —

Sorri desde sua estátua
e na ablução noturna
sua cabeça recebe
água de rosas,
perfumes,
rios de leite e mel.

A curva de seus ombros estremece,
os olhos observam
e é quente sua pele escura.
Sua proximidade,
          embriaguez.

—

HERA

A tarde se deixa absorver em teu silêncio.

Revoadas de borboletas,
ondas que se atropelam:
          com o que posso comparar
isto que aflora no coração?

O verão sepulta tudo sob sua aura verde.
E na frescura desta hera,
na pureza desse cheiro de água
          sobre a terra.
Ali te encontro.

Minhas mãos não te tocam,
mas te vejo em meu peito.
Como lume resplandeces.
Como vinha te estendes,
te enredas
         em cepas invisíveis,
te alças como gavinhas.
Tua seiva ascende,
         cobre tudo,
circula por minhas veias,
vai por vasos pequeníssimos
         das raízes aos talos,
de folhas que se desdobram
a corolas
         resplandecentes.
Jardins,
         umidade,
famílias de caracóis escorrem pelo cristal
quando tudo se enche
         de hera verde.

—

DARSHAN

Como te esbaldavas
sob esse azul ardente,
sob esse vento açoitando a folhagem.
Ouro chovia,
diminutos sinos amarelos
se desprendiam em cachos dessa árvore
em cujo pé uma imagem branca se erguia.

O vento fazia voar tuas vestes
descobrindo teus ombros,
teu peito como bronze,
marcava em teu ventre o universo inteiro.
Onde quer que estivesses, ali, como brilhava tudo.

Sob teu pórtico
nas tardes sem tempo
fluíam de teu silêncio
palavras que só ao peito falavam.

—

NOME

Dança sem corpo.
um movimento nasce do vazio,
um som
            do silêncio.
Do som teu nome,
que com uma inflexão se matiza
            — cauda de pavão —,
cai em cascata,
adormece em meu ombro
            — pomba.

Tu respondes pelo silêncio.
Reduzes ao vazio
            o pensamento,
e ali onde arrasastes toda imagem
teu nome se renova.

—

FORMA

Teu corpo é a noite
            descendendo até mim.
Vontade de forma.
            Estalo.
Pontos de luz ordenam teu perfil
no alto e no baixo,
no estreito e no amplo,
no perdido,

no esquecido,
no que se recobra.
      E nada é alheio a tua presença.

—

EQUILIBRISMO

Corda sobre um abismo.
Por ela vou,
      caminho a lentos passos,
oscilo,
      me detenho.

E se caísse?
E daí se caísse?
      cair onde?
Onde posso cair sem que você esteja?

—

O VINHO

Basta uma palavra,
      um giro do desejo
para trazer de repente
      toda esta ebriedade.
Vinho que se destila em gotas lentíssimas.
Néctar —
mais sutil que o éter
      descende ao coração
e ali
      o *sortilégio*.

Ébrios de Deus meus olhos.
Ébrias minhas mãos.

Encher a taça até as bordas, dizem.

Teu rosto em toda parte,
teu olhar embriagado.

—

LOTO

Propicias ao pássaro e à abelha
coração de flor

Daí o mel pródigo
e o voo envernizado noturno

De repente silêncio de pássaros
já perdidos de canto

E olhas a abelha que te ronda
Flor, teu coração.

—

SHIVA DANÇANTE

Formigas sobem pelo pé de tua estátua.
Fios de aranhas enlaçam teus cabelos
no círculo do mundo,
                        arco de fogo.
Emaranhado,
          cheio de caveiras,
bebes formigas.

Em tua mão direita um tambor,
                            prazer que salta.
Cria seu estrondo o universo
que ao mesmo tempo sustentas
                            na palma da mão.
Ali também
o fogo que tudo destrói.

Voam cinzas
               onde tua dança se desata.

A noite se perde
               no vórtice do silêncio
de onde emanam palavras e criaturas.

Fica teu passo no bronze detido.
Incendeias para trás toda memória,
para frente toda expectativa.
E no presente puro
somente te sou
               me és.

Os confins do mundo
nas pontas de teu cabelo emaranhado.

—

UMA ADORANDO A SHIVA
(Sobre uma miniatura paharí)

                                          A Marie-José e Octavio Paz

Dentro de si
ouve a voz reverberando
no âmbito estreito
que vai do eixo em seus ouvidos
até a testa alucinada.

Só umas tantas notas percorre a voz.
Perde modulação.
Desnudada ao som de cadência,
                            de ritmo,
de letras cada sílaba desnudada.

És só vibração,
flecha que sobe
 — salto de macaco entre os galhos —
e permanece
na infinita divisão de espaços
que cobre cada passo da formiga,
cada grão de areia na ribeira.

Vibração
surgindo de si mesma
 corrente única
sem escala nem fratura
sem pausa
 sem eco
continua
 já idêntica ao silêncio
fixo fluir —

 rio de prata
em cuja margem se senta Uma.
Sua casa de bambu
tem o chão coberto de folhas frescas.
Uma escreve.
O rio se desdobra como um lenço.
Uma sorri.
 Sua cabeleira parece um peixe escuro.
Cobriu de flores a pedra branca
vertical sobre o óvalo branco que atravessa
também cheio de flores.
De um lado, paralelas,
 dispôs as folhas escritas.
Tem outra na mão.
Uma escreve com tinta vermelha
sobre folhas de manga.
Não há poente nem oriente.
Há luz sem sombra enquanto escreve Uma.
Sua saia é de folhas

                                — absorta
um olho olha com os olhos fechados
esse olho a olha
esse olho é o que olha
e é também o olhado
      o olhar
jóia brilhante
              mil olhos a cobrem
átomo de luz girando sobre si mesmo.

Lá fora
      o sol passa entre as árvores.
O rio brinca em suas margens.
Um cheiro de jasmim
se detém na testa de Uma.
Uma gota de mel escorre em sua garganta.

Uma vestida de folhas
sentada em frente à pedra branca.

—

HAMSÁ

|

> *Junto a um coração, nas fontes do poema.*
> *Entre o vazio e o puro acontecer*
> *Espero o eco de minha grandeza interna.*
>   Paul Valéry

Lugar de todos os desejos,
árvore, poço sem fundo,
tudo o inclui e o penetra.
Lugar de todas as presenças
pois nenhuma o habita.
E desta porção, a minha,
desenvolvo um gérmen de silêncio,
espreito

　　　　— com tão imensa cautela —
o instante em que abre suas portas
ao vazio.

Carregamento de luas.

II
　　　　　　　　— até a áurea maravilha, até a barca
　　　　　　　　voluntária e seu dono: mas ele é vindimador,
　　　　　que aguarda com uma podadeira de diamante —,
　　　　　　　　　teu grande liberador, oh alma minha.
　　　　　　　　　　　　　　　　　　　　F. Nietzsche

Uma velha dor transpassa o peito,
deixa à mostra um buraco:
superfície tocada na consciência,
guarida dos sonhos que não deixam sinal.

Passos sem retorno detidos
　　　　　　　　nas margens desse pélago.

Uma fissura aberta.
A respiração esquece de si mesma,
o pensamento que segue o pensamento
se detém,
　　　　se despe de forma.

　　　Barca em meio ao oceano —
　　　em linha une o mar ao firmamento
　　　o reflexo que morre sobre a superfície
　　　　　　e é umbral da noite.

Luz negra
　　　　　　Espaço puro
Luz vazia

　　　Caracol adormecido
　　　canta em giros seu silêncio.

        Ponto imóvel
Luz fria
          Incandescência

Um ponto no alto.

    (Os homens que olham para o céu se confundem,
    e lá onde há um buraco negro querem
    fazer um astro, disputam primazias, se esforçam
    por dar seus nomes a uma *supernova na*
    constelação do Cisne.)

Um ponto pequeníssimo,
                        olho de fechadura,
sucção ao vazio
converte massa em som,
espaço em vibração.
O tempo, uma aura leve em torno,
                               fulgura e morre.

III

A noite se acalma.

      Negros racimos fulguram
      na memória
      como astros a ponto de explodir.

Lá fora a noite.
Coro de sapos entre os campos inundados.

        As uvas negras se empilhavam em racimos;
        insetos pequeníssimos nas jarras de mosto.

De onde imagens de vindima.
Nada restou
da tarde transcorrida em silêncio
sob uma luz difusa

                        vendo ao longe
aquele teto tranquilo...

Lá fora, entre os rios,
nas planícies qual espelhos quebrados
uma festa de sapos,
coachares
de uma árvore a outra conversam.

E no ar
uma quietude crescente
como quietude que antecipa
                        uma grande explosão.

Uma ave de cristal treme na sombra,
um sino rompe seu silêncio,
reverbera
no espaço fechado
onde se cruzam duas palavras.

Ham
uma pausa levíssima
                    sah
                        esquecimento momentâneo
e por esse silêncio
se chega
ao núcleo vazio do coração.

Aqui, o voo se detém.

V

Olhos por todos lados,
línguas por todas partes.
O que vê e o que diz,
o visto e o escutado
                    só um.

Esfera,
percepção pura.
                Só consciência.
Não há sujeito nem objeto.
Não há laço estreito.
Só pensamento sem reflexo,
            consciência ensimesmada.

VI

escuta é sopro,
a mensagem incessante, que se forma de silêncio.
R. M. Rilke

Cisne,
      greta voltada ao silêncio,
véu no firmamento.

Apareces sem forma,
falas sem voz.
Em ti toma vida o universo
murmurando
            a cada pulsação
essa palavra que trouxeste a nosso peito.

Matéria incorpórea
                 forma da consciência
teu perfil desenhado na sombra.
Borravam-se as linhas de teu rosto
               sob as lâmpadas azuis.
Só uma luz azul resplandecia.
Tua voz era o corpo do som.

Um astro fazias nascer em nosso peito.
Tuas palavras traziam
            vozes de caracóis, trovões,
            ruído de água.

> *Lá, onde o cisne submerge:*
> *antes de ressurgir...*

Cada gesto perfeito é graça.
Cada palavra
        inicial de fogo.

> *...aqui, em plenitude:*
> *antes de que as aves empreendam voo*

A pureza do dia
        sobre tua testa,
e um olhar teu
mais que palavras:
        campos de geada sob o sol.

Começa o universo
onde teus olhos se abrem um instante
                antes de despertar.
Seu começo é seu fim.
Lá termina,
onde teu sonho começa
           e submerge em teu seio suas criaturas

        (pausa,
        buraco morno na sombra
                — um ninho de oropêndolas...)

Lá, fora do tempo
oculta
para si mesma se diz —
            dentro do peito
                  aqui,
            gestação escura.

Seu fim é o começo,
sopro que infundes vivo
            em nosso peito,

e destróis pela palavra
e sustentas pelo silêncio.

—

De *Canto malabar*

I

A tarde inteira se vencia com o passar do vento.
Como arcos se dobravam as árvores
e uma flecha imprevista me acertava o coração.
Perambulei por aquelas calçadas
onde tanta vida cimentaram teus passos.
O vento alçava redemoinhos em meio aos campos,
perturbando esses pássaros vermelhos,
apagando acampamentos de insetos nas gretas.
A terra bota pó em meus lábios — sua oferenda.
E minha oferenda às estatuas que guardam o caminho
só palavras?

Estava junto ao baniano
aquela tarde em que o arrulho das pombas
tornava insuportável tanta beleza.
A noite ia entrando em teus jardins.
Estava junto à estátua de Yama, Senhor da Morte,
montando seu búfalo negro enquanto Savitri
arrebatava com argumentos a vida de seu amado.
Tanta beleza a ponto de morrer.
Te vi pela última vez ali, no baniano.
Imenso como era o vento o havia arrancado
e os ramos que caíram na terra criaram raízes.

Para onde vão os sonhos quando a gente desperta?
Silêncio a meia voz, dissipação do tempo —
a morte, indecisa:
um murmúrio que cruza na travessia da balsa.
Teus braços me envolvem entre o sono.

Teus braços se dissolvem no nada.
Como árvore arrancada de um sedimento pobre.
E em toda parte abundância, vidas em flor.
Discorrer de insetos, zumbidos de abelhas,
teu mel que me afoga.

Sem saber ainda, envolta em teu êxtase
desperto, e tu vais afundando no silêncio,
como essas camadas de luz a ponto de se apagarem
fulguram ainda entre seus ouros
antes de ir desertando a montanha,
o açude, o rio, o campo aberto.
Sem saber em que margem do sonho, ouço ao mesmo tempo
"deixou seu corpo" — e os cantos ao longe.
Tudo se detém em teu silêncio.
Em mim tua imagem, ungida como uma estátua,
teu olhar para o infinito.

Quem despertou para quê? Quem era que sonhava?
A luz abriu no tempo uma rajada escura;
brincava nas pálpebras.
A lua inteira se derramou sobre o campo.
E essa água sobre o travesseiro como ambrosia,
pois enquanto dormes para sempre
desperto com um néctar muito doce nos lábios,
exaltada em um gozo que fulgura em minha cabeça,
algo acende em minhas costas como enguias.
Lá fora a lua cheia, músicas perdidas.
Teus olhos desde o fundo de uma noite sem pausa.

*

Aos pés de Yama
fica a vista fixa em um ponto.
Penetra o olhar
e quanto mais profundo mais olha ao redor.
As montanhas crescem:
única solidez em tanto sonho.

Dançam fogos, arde a terra
e da dança se desgarram frutos coloridos,
vestes de sonho onde se aninham tuas serpentes,
oh Cativante.

Tomas em mim a forma do Terrível
Deus de três cabeças.
És tu quem me cria e me sustenta,
tu quem me destrói.
Te ocultas de meus olhos, te revelas,
e de teus lábios sem som
vão brotando palavras que me afogam;
tua forma mesma se torna essas palavras
que deixam só consciência para ver
que és tu quem palpita,
quem goza, quem faz, quem conhece.

Irradias desde mim, labareda do ar.
Em mim acendes, em mim incendeias.
Tomas em mim a forma da abelha,
embriagas tudo,
te dissolves em mim — assim me preenches.
Zumbes em meus ouvidos,
me enches de tuas seivas, ah Impaciente,
devoras o mel que quase não brota.
Loto aberta no peito.
Pássaros que bebem a luz da lua.

Tomas em mim a forma do deleite.
Te saciam voejos,
o sutil roçar da voz,
a carícia na água submersa,
ah Servidor de vinho.
És a raiz da pulsação,
o sopro que faz o vento,
o gozo que ascende à minha cintura
e ali se quebra.

Me pronuncias, me ditas,
impões um silêncio mentiroso
pois zumbem palavras como abelhas.
Semente de fogo entre os lábios, letras-raiz,
palavras que escurecem os objetos que nomeiam.
E tu, oh Versado,
diriges o silêncio que percorre minhas costas,
Esvoaçar em minha garganta,
faz engrossar sílabas mudas que absorvem para si
toda essa matéria flutuante
entre nome e sentido, entre forma e objeto,

transpassas a lua da testa,
reges do alto, assaltas, quebras,
saturas em silêncio cada átomo.
E sou em ti, imperturbável.
Os sentidos se dissolvem neste mar sem ondas,
as palavras se calam,
e um passo adiante se abre a mente
pasma de sua própria anulação.
Teu gozo, quase tangível ilumina, pulsa
com o desígnio de um abraço eterno.

II

Paragens emergem de uma mistura de sonhos.
Tu cavalgas sobre a areia, a cabeça coberta.
E eu guardo segredos, visto de ouro minha cintura.
Madeiras suaves — sândalo em teu leito.
Um brilho súbito e logo a escuridão,
silêncio em movimento.
Cabeças empilhadas contra o muro
e o chamado à oração.
Olho teu rosto
na memória de tuas casas em ruínas.

Palácios perdidos com suas portas de ouro,
com seus mármores,

com seus defuntos.
Eco de passos em direção à mesma câmara,
memórias sob o dossel de sândalo,
atrás das persianas na penumbra
— filigrana na pedra, renda rasgada —,
atrás da rede de um véu na cara.

Um brilho rosado nos muros circunflexos.
Sobre os minaretes abre a tarde
o coração mesmo do instante.
Vejo sobre a pedra o declive do sol.
Assim declina a memória em um desejo de ocaso,
como aquele que se afunda em seu nada
e é só reflexo da visão sem olhos,
reverberação das vozes sem línguas,
fulguração da consciência...

Uma rede finíssima de luz
cobre a voz desde o minar,
as águias sobrevoando seus ninhos em um pipal.
A mesma luz que me mostrastes com os olhos fechados
brilhando aqui no aberto
entre leprosos e mendigos,
sobre carneiros despedaçados o cheiro de sangue
o mesmo que sobre o mármore puro na mesquita
quando às abluções da tarde
os homens se prostram tocando-se os olhos
e centenas de pombas cruzam sobre a lagoa.

Este espaço habitamos,
no aberto.
Um raio ilumina
tua substância mesma em cada forma.
Tal é sobre a água a incidência do sol.
Aonde me conduzes?
E que importa, se ao corpo basta somente
uma cabana de palha, palafitas.

Aonde me conduzes
despojada do corpo?

III

Sem cerco, sem praia, sem espuma
ao mar somas a altura da noite.
Só profundidade ao horizonte.
Todo de mar o céu.
Olho que navega alargando as águas.
Se incrustam o som dos sinos no ar.
Gritos de espuma contra as ondas.
Fraseio inconcluso —
e a noite volta a submergir tudo.

Olho d'água   afoga-me
Boca de vinho   embriaga-me
Sopro de vida   dissolve-me
Forma de fogo   calcina-me
Mão de vento   dispersa-me
Onda de gozo   aniquila-me
Cerco de espuma   sepulta-me
Meus cabelos tuas ondas.
Minha voz a água chocando contra as rochas.

O silêncio é rumor, sereia ou caracol.
Todo o mar contido
em um buraco no meu peito.
Toco seu fundo,
escuridão sem pausa.
Repouso indistinto das formas —
Língua bífida.
Presas de tigre.
Voo vivo de um pássaro.

Luz negra devorando os corpos.

*

Do mar, sagrado no escuro,
roças as águas de meu sonho,
dizes uma palavra que se extingue
quando abro os olhos.
Me devolve para onde as formas se separam.
Divides do mar a onda, do vento a voz
com que agora repito um mesmo nome,
teu nome nesta margem
onde estão tuas dádivas sem medida
e teu rigor extremo.

Se ensombrece de alvura.
A aurora distende em lonjura
sua claridade.
Leito deserto.
O relevo de espuma se ensombrece.
O mar, vigilante.
Alvura se reflete
carga de mel,
carga de sol,
altura.

O mar, o mar, saque em suas margens.
Ao sol brilham suturas na rocha.
O dia estende seus cítricos
sobre os mantos brancos,
apaga no horizonte seus cantos.
O mar deixa na margem
sob o cristal do ar
suas esponjas de silício.

E sobre a água,
onde os raios se congelam em sua própria luz
te vejo como semente de fogo.
Cada onda deixa rastros de seda contra o sol.
Filamentos de luz sobre as pálpebras.
Cegueira ante essa luz

cujo raio devolvem tuas pupilas,
setas de fogo.
Uma ressaca escura agita valvas azuis,
fragmentos de espelhos na margem.

Sinais encontrados.

V

A lua crescente é teu diadema.
O silêncio repleto
cobre de sombra tuas daturas
A respiração suspensa
só perturbada pela rainha-da-noite
abrindo suas corolas diminutas em enxame.
Tu estás na altura.
Eu danço para ti, e de um modo secreto
te faço chegar minha ondulação.

Os limites se perdem.
Nome, forma ou raiz,
contorno de cadeira ou seio à mostra
são um só espelhamento.
Teu nome ondula com minha voz,
serpente alada.
Indiscernível
se estende como um halo que secunda
os últimos passos da noite
já se perdendo.

E sob o risco imenso
cruzar os altos planaltos
aonde o dia desponta.
Sob esse risco de ficar atada
para sempre ao instante,
vendo que o caminho se estreita
como uma lâmina de faca.
O olhar se abisma.

Não acha mais saída que esse mar
por toda parte submergindo-a.

Aonde ir?
Que fazer?
se me engolem os campos,
se me assaltam as montanhas,
e antes de dar ainda o primeiro passo
fico só absorta frente a ti,
solta,
alada,
cheia de mar,
cheia de amor,
perdida.

Quieto o coração, tábula rasa
onde o vento como escriba
vai traçando suas pegadas.
Ouvido como o de um cervo
capta a altíssima frequência
em que tua voz se dá.
Grito repetido no alto da árvore.
Bem entendia sua linguagem.
Zurros.

*

Enquanto esgotamos esta forma
como se bebêssemos de um cântaro vazio,
se abre a entretela.
Flui uma torrente de fogo.
Algo se aglomera no corpo
como uma colmeia de luz.
Brota de mim até alcançar-te.
Faz estourar meus limites.

Quem sou? eu me pergunto.
Que é isso o que te ama

sob essa forma evanescente
que não posso sequer chamar minha?
pois meus olhos se abismam para dentro
e se convertem na luz que veem.
Meus ouvidos se transformam no ruído que ouvem,
corda de uma lira não tocada
diluindo seu timbre agudo no silêncio.

As palavras ocultam seu sentido,
são ruído, letras loucas, silabários.
O que sou? O que és?
Vento que me tensiona como um arco
e me dispara para o centro do silêncio —
ruído de mar, ruído de conchas.
Onde os sons perdem alcance
só resta o sopro,
a consciência que oscila:
quando aproxima dos olhos fica presa na forma,
quando vai para a luz, inundação...

mar sem astros,
corrente onde se perde todo curso.
Quem és tu ali?
E quem sou eu?
Como separar outra vez esses rostos
perdidos um no outro?
Como hei de chamar-te se tu mesmo sou eu?
E a quem dirijo estas palavras?
Quem pode entendê-las?

Não somos essa forma —
tanto de repente revelam
as memórias que o fogo não tocou.
Deixamos para trás paragens deliciosas,
colóquios deleitosíssimos
para chegar ao lugar
onde o diálogo cessa.
Contorno imaterial

luz pura.
E de súbito não há mais um corpo ali.

VII

À margem do rio as garças na bruma.
O rio se junta e se separa.
Nas ilhotas brancas
deixa pequenos charcos nas rochas.
As vertentes se encontram,
brilham cantos de peixes.
Ao longe se fundem as ribeiras e a água.
As garças pintam suas pegadas na areia,
as garças brancas.

A deusa do rio submerge-me em suas águas.
Oh Gangadevi,
me arrancas juramentos.
Em teu templo te enchem de flores
e teu vestido
é como a água que começa a desgelar-se
sob a ponte de Lakshmanjhula.
Ponte suspensa sobre minha vida.
Mas teu curso é este instante.
O que veio e virá é somente pó.

Em tuas águas me perco, Gangadevi,
quebrei as pontes.
Estou nas ribeiras e na água.
estou nas montanhas,
estou em minhas moradas de outros tempos,
minhas moradas de neve.
Oh Gangadevi, em teu riso me banho
e alcanço ao mesmo tempo
a fonte e o mar.

Vibro em cada instante,
preencho todo o espaço,

tomo todas as formas:
o monge que lava suas roupas em tua margem,
os chifres das vacas pintados de vermelho
— apenas uma mancha de cor
na ribeira cinza e as ervas de prata — ,
as maritacas perdidas na folhagem.
Estou em muitos lugares no mesmo instante.
Estou em muitos tempos desde o mesmo lugar.

Não há sucessão nem limite.
Não há causa.
Não há outro.
Antes e depois desapareceram,
dentro e fora, perto e longe — de quê?
Se tudo é um só e esse só sou eu.
Tomam minha forma as coisas que contemplo.
Nelas me recrio.
Ao mesmo tempo estou nelas,
as transpasso,
e durmo eternamente no vazio.

Oh Gangadevi, me afogas com teu canto.
Saltas mais que os peixes.
Tuas águas me perdem e me alcançam.
Teu cortejo de pássaros me diz:
sempre estarás neste instante.
A bruma que se aclara
descobre já as árvores na outra ribeira.
Fecho os olhos
e fico sozinha com o rumor do rio
e o grito das lavandeiras.

*

Um bando de pássaros
trava seu canto entre os ramos,
me mantém em suspenso antes de despertar-me,
faz estourar meu sono.

Vejo a forma do ruído,
semente do silêncio,
fibra de prata
a que adere uma pérola diminuta.
Brilha por um instante.

O roçar da asa
estremece em meu ouvido.
Rotos os limites
a mente desfaz suas ribeiras,
perde seu leito estreito nas marés azuis
desse mar sem fundo nem horizonte.
Me inundei ao aspirar-te nelas,
ao pronunciar-te sem voz e sem ar,
só girando nos espaços altos.

O olhar absorto no meio,
linha onde se abre o infinito
que te afunda na terra,
inabarcável,
ou te estende como um pilar de fogo
até os céus,
te perde entre esses astros
cujo reflexo eu vi sobre a água.
E as constelações ascendentes
escondem o que trarão.

Os olhos entreabertos veem as duas margens.
A luz irrompe desde o sono.
Detrás da tela finíssima,
asa de inseto, veladura no prisma,
a consciência que olha.
E o olho da mente subjugado
no sono e na vigília já deixa de olhar.
É para ele que olha
essa luz alta, serena, afastada de tudo,
dulcíssima, deleitosa, terna, branca
luz sem sombra que amanhece.

Se entreabrem minimamente as portas,
apenas vislumbramos o que aguarda
e se acabam as palavras.
Só um rumor contínuo na espessura.
Só um lugar de repouso.
Um som que se coalha em um ponto de luz.
Uma luz contínua que se aproxima e se afasta.
Bramido primordial
a ponto de causar o espaço e a forma,
a ponto de absorver-se no vazio.

Toda coisa ao redor se aniquila.
O fôlego se perde na incisão,
o coração aberto em duas metades
deixa sair este deleite
que se condensa em um ponto,
fulgura por um instante e nos devora.
As asas que se incendeiam
se transformam em fogo.

Toquei tua margem.
Nem o sol mal roçando tua morada de neve,
nem a luz que se filtra até teus lagos
podem entrar aqui.
Ainda o sopro mais leve nos perturba,
ainda o pensamento.
Nem tampouco é silêncio.
Não há silêncio nem som,
plenitude nem vazio,
só ser fluindo, fulgurando,

só ser que devém, sempre novo,
se percebe a si mesmo,
se goza
e se submerge por fim em sua própria beleza.
Para dentro resplandece uma pérola diminuta:
gérmen do universo.
E no oculto do oculto,

no fundo mais secreto
vejo sem pestanejar a cifra que se esclarece.
Meu ser se perde em ti
e na raiz de teu nome se libera.

1982-1985

—

De *Singladuras*

KHAJURAO

A tarde se alonga nos caminhos.
Das palmeiras descem os papagaios em um grito,
colhem entre a relva frutas brilhantes.
Sem sombra resguardados,
                          vemos os templos.

Luz sobre os torsos dos deuses —
se inclinam e ondulam sob a tarde ébria.
E uma longa reflexão sobre esses corpos
entrevistos no sono
e seu abraço como um fogo imaterial.

Torna o ar mais finas suas vestimentas.
Apenas um babado ressalta a coxa.
As formas se desenham sob as sedas.
Os deuses se revelam por detrás dos corpos.
Veem desde seus altos nichos
cair a tarde, o dia levantar-se.
Nada irrompe em seu gozo,
nem se as nuvens se tingem de açafrão
ou os pássaros
com seu voo escarlate
                      deixam seus ninhos.

As deusas se olham no espelho,
se desnudam,
tiram uma espinha do pé;
deusas rosadas,
perseguem
o voo que se acende atrás da orelha,
uma vespa no lábio.

Acontecimento contínuo,
                      pulso imóvel,
tensão extrema na corda do arco —

> *Só me escutarás onde nada se ouça,*
> *nem água nas margens*
> *nem vento na mata,*
>   *nem sequer esta voz.*

O voo se detém,
se expande,
abarca tudo —

> *Isto ouvirás dentro de ti.*
> *Sem voz me ouvirás dentro de ti*
> *dizer-te:*
>   *és eternamente livre.*

Minhas mãos se firmam em teu pescoço.
Meus lábios recebem teu hálito
                a oferenda do divino.

Oh, Bháirava,
de teu vinho bebi,
comi tuas carnes,
e lâmpadas de reflexos violáceos
                brilharam em meu corpo.
Oh, Maha-Bháirava,
destroçaste meu tempo.
Teu machado cindiu os mundos.

Não há antes nem depois.
Só o agora,
tua dança louca,
teu grito.

—

BENARES

1

A quem chamaram de Sequestrador das águas?
E quem desatou a torrente?
Mais ligeiras que um potro
as águas avassalaram a ribeira,
entraram pelas varandas
(árvores crescem nas janelas altas).
O que fica de pé
quando és arrebatado de teus sonhos?

Templos submersos.
Palácios habitados por pombas.

    "Todas as coisas se apressam para seu fim."

As mulheres se banham
com a roupa grudada em seus corpos.
As viúvas brancas.
        "Aqui vim para morrer, entre estes nenúfares."

Se levantam lamentos como gritos de pássaros.
Se acende o pináculo dourado dos templos.
Da escuridão até a luz,
o sol
        laranja vermelha
se faz limão morno nas areias,
veleiro nos pântanos azuis

onde emergem do lodo imaculadas flores.
    "Aqui vim para morrer..."

Todas as vozes vêm morrer em tua margem,
oh Ganges.
Levastes minha voz,
e agora se amontoam na língua
frases desconexas.
Tudo se vai como em tuas águas —
recordações como cadáveres
e guirlandas desfeitas.
Se vão, como a oferenda que te dou
e se afasta flutuando:
em uma folha de figueira
uma chama acesa,
fiapos de açafrão,
uns jasmins.

2

Restos de um barco balançam na margem,
a carena, eriçada de musgo.
Pequenos caranguejos rondam ao pé dos penhascos.
A hora dissipa velas na outra ribeira.
Assim emerge o pensamento de sua turba de imagens,
ganha claridade,
chega a seu centro e se interroga.

O que fica de pé
quando és arrebatado de teus sonhos?
e te deixam a eternidade entre as mãos?

3

Oh Shiva, Mahakala,
segui tuas pegadas.
Busquei teu rosto nos templos e nos rios,
em lugares ocultos

onde deixava flores sobre tua imagem.
Te busquei na pedra que surge da terra,
pelas ruas cobertas de esterco.
E vi que eras tu quem me seguia.
Mahakala,
deixam marcas tuas pegadas em minhas mãos,
tuas unhas traçam linhas em minha cara,
teu hálito embranquece meu cabelo.
Oh meu amor, devoras minha carne pouco a pouco.
Mahakala, me fundirás contigo
em teu abraço de fogo,
meu crâneo será a taça onde bebes.

4

Em direção ao templo
ruas tão estreitas
como as vias em que discorre o pensamento.
Sai incenso pelos portões.
Cantos a um pequeno fogo
alçado entre tijolos em um pátio.

Chove ouro em cascatas desde o pináculo.
Sinos reverberam na entranha do templo.
O ouvido voa atrás do timbre,
fugas de luz.
E dentro do peito,
uma só e alta palavra emagrecida.

Invicta,
ouço em meu próprio centro
a frequência contínua,
ruído do ser
alçando-se
detrás das barcas afundadas
e das luas quebradas.

Respiração do tempo,
pausa sem fim
sobrevivendo sua própria singradura.

1985-1986

—

De El diván de Antar

> *pronunciei teu nome... e a miragem
> construiu toda uma cidade para ouvir-me
> falar de ti.*
> Cantos dos Oásis de Hoggar

I

Vibra em seu sotaque o silvo desenfreado
quando se juntam dentro da abóbada
os ares claros,
os racimos altos.
E o dia dá a volta
deixando o vento cavalgar suas nuvens,
sem perder o fio
de seu encadeamento silencioso
nem mostrar em que margem
levantam voo suas altas certezas.

Vimos depois dos terraços o vale sombrio.
E ao gosto que deixava na garganta o vinho azul,
ao salmo que corria entre os dentes,
às violetas que colhiam a luz sob os cedros
nos terraços indicando o levante,
sem tento,
sem memória,
cedíamos pouco a pouco
trazendo a nossos lábios
os fermentos doces.

Saturado de ar,
perfumado de água
saciado em seu lume,
soberano seu pé tocando terra,
assim saúda o dia
desde o cume inaccessível
até o rincão secreto.

Ouvimos infiltrações dentro da montanha,
eco nas paredes rachando o ar.
O salitre forma filas de guerreiros
com suas lanças verticais nos muros.
Sumo do dia,
a água reluz nos pisos escorregadios.

Sumidouros —
buracos para onde foge o pensamento
antes de dar um nome
às criaturas gestadas
sob sua asa.

V

> *Mil cavalinhos persas dormiam*
> *na praça com o luar de tua fronte*
> Federico García Lorca

Velo teu sono.
Te envolvem mantos transparentes,
roçam de leve tuas pálpebras
quando o sol já levanta
colunas de fumaça nos povoados.
Desde outra estância
sinto em mim teus olhos que se fecham,
teu hálito–
como passar entre vasos de jasmins da Arábia,
jasmim tu mesmo,
                flor de tua raça

Como um profeta,
como um dançante ébrio
              giras até o amanhecer
apontando o céu e a terra,
e teu corpo,
              eixo do infinito,
é morada do relâmpago.
Em mim palpitam tuas muitas almas.
Tua voz me invade em ecos cada vez mais profundos,
reverbera nas gemas de meus dedos,
em meu peito se estende
como ondas circulares na água.
E nessas ondas teu sono, pois já dormes.
Teu rosto se torna argila,
              máscara da morte.
Fios finíssimos ligam nossa respiração.
No fundo de teu sono,
em seu leito de areia,
se aquieta a consciência —
ou cria flores e talismãs que te oferece
enquanto teu sono segue
ora imóvel em seu fundo,
ora fluindo à deriva.
Palavras errantes tocam minha vigília.
De teu sono emergem
fugas de pardais entre os cedros.

VI

Gravitação
até a areia onde habitas
à beira de meus sonhos mais antigos,
após idades que acumularam suas argilas,
marfins,
soldas de bronze —
todo o despojo desses povos que acampavam
              não longe das praias.

Os murmúrios do mar entre as dunas,
o céu incandescente com seus cobaltos crus.
Areias,
ervas sem ofício nos declives.
Estrela aberta à ventura franca dos mares.
Luas serpenteando na água.

E ao cabo das horas
todo o frescor do mar com seus sais decantados.

Uma cidade sepultada na areia,
perdida
sob a onda imensa e negra,
como língua de dragão.

Se ali a noite nos fosse devorar,
que tombo incerto,
que túmulo de tanto sentimento,
tanto amor sepultado.
Tanto amor.
E perguntamos se em vão abriu suas asas,
se em vão quis achar em uma lagoa
        seu reflexo —
Alçou atrás das nuvens um voo enlouquecido,
rompendo todo laço,
desprendendo-se já de toda terra
para arder no ar.

X

Desde o portal do ano,
desde a cara de Jano
voltada ao rigor dos dias por vir,
chegas de novo ao coração.
O que contraria o cenho austero?
Tão somente roçar o pensamento ligeiro
        tua imagem?

Os olhos repousam em tua forma,
percorrem teu perfil,
teu cabelo vivo.
Os olhos repousam em ti e o coração se aquieta.
Por tua testa,
onde o cristal do dia funde sua luz,
por tua fronte,
alta como a de um príncipe
escorrem meus olhos.
Teu cabelo como coral negro–
e o olhar envia sua mensagem ao tato,
antecipa o aroma,
o gosto dos dentes triturando
                os caracóis pequeníssimos.
Elude teus olhos meu olhar,
elude teu olhar,
abismar-se em tuas pálpebras,
o nácar suave onde é mar o olho —
de seu verde oliva
passa ao dourado da areia.
Teu olhar como o sol do deserto.
A boca ocultas, como um tuaregue,
                sob o véu negro de tua barba.
Tão logo teus lábios se desenham
e todo o mel que guarda na memória
a espécie inteira de amantes,
todos os vinhos,
todo o leite doce,
as palavras repetidas por séculos
afloram em meus lábios.

Meus pensamentos são para ti
como altas buganvilis abraçadas a um pinheiro.

XII

Como se mastigasse ervas aromáticas
      e estendessem seu frescor pela garganta,

           enchendo os ouvidos de seus ruídos levíssimos
                          — esvoaçar de abelha —
ascende aos olhos essa luz.
E seu som
               (o que se escutaria no vórtice quieto de uma tromba
d'água?)
seu som me absorve
dentro de um sino cujos ecos
                          não se apagam jamais.
Tanto,
          só ao desejar teus lábios?
Em quem quer esses lábios?
Quem poderia tocá-los sequer, quando já toda essa luz
                                         os arrebatou?
Em teus lábios ou em mim,
em quem se desata esta força?
Medo das palavras
de que a história que alinhava ao acaso
                              se cumprisse.
Não queimaria os lábios
esse poder que arde no aberto,
                    na altura sem limite?
O que se estende e cresce para além do visível,
o que toca outros reinos que mal o contêm,
não virariam cinzas nossas mãos se tentassem tocar-se?
Como trazer de volta ao corpos aquilo que se expande
       por toda parte, sem causa ou seguimento?
Àquilo que nasce de si mesmo e por si mesmo existe,
lhe bastaria confinar-se em umas mãos, uns lábios,
            um olhar?
Não se voltaria contra essas ataduras,
                              aniquilando-as?
Ou aceitaria amoroso seu confinamento?

As palavras já forjaram de sua própria raiz,
letra por letra,
os fios desta história.

Se tu vens,
seu livre jogo se congela,
como a imagem pura nas palavras.

XVII

Se desgarra um fruto.
                      Uma taça invertida.
Corola,
       cúpula.
E não bastam teus lábios
para fazer voltar ao corpo
a visão que foge,
                limite
entre o corpo que preenches
e o vazio.

E ao tato de meu corpo
a erva suave de teu torso,
teu ventre branco,
tua respiração —
como o cavalo do sacrifício
corre
estendendo sua crina pela planície,
corre
      e se precipita,
corre
      e o alcançam,
corre
e se o voo não o corta
chega ao local de início
                      — onde o decapitam

a flor mais pura de seu sangue
convertida em anêmona.

Mas se o voo alça,
ah, se o voo alça

meus olhos abertos
ainda a olhar-te
              olham a eternidade.
Os mundos se penetram,
se desfazem.
Por teu rosto passam
cavalgadas no deserto,
peixes,
luas.
Se extingue o tempo.
Como uma flor
              aberto,
desgarrado como um fruto,
vencido,
vulnerado,
          o tempo —
pegadas de uma gazela
                que jamais existiu.

XXII

Tumba violada e livre.
Sombras que se desprendem de seu corpo.
Sem olhar para trás,
sem recolher o que caiu das mãos,
cruzar esses umbrais
em solidão tal como não há
em nenhum deserto,
em nenhuma câmara de espelhos.

Muros destemperados.
Estacas de ferro no coração.
E ao cruzar o umbral
se borra o chão,
se torna aquoso —
e só a vista congelada no centro de si mesma
                              me sustenta.
Todas as vozes me chamam desde atrás,

as memórias povoam os muros
                     com suas criaturas pálidas.
Ali tu assomas,
dormindo sob a lua.
Ali aparecem os templos,
as costas devolvendo o brilho ofuscante.
Os confins do deserto com suas marcas ocultas.
Todas as formas se conjuram,
as histórias vividas,
os corpos amados —
                     despojos.
Tudo arde em uma pira: meu coração.
Filha do Tempo,
Senhora da Morte,
me adornam crâneos em grinalda,
                     os crâneos de meus amados.
Percorro os cemitérios.
De mim nada resta nem em minha própria memória.
Todos morreram em minhas entranhas.
A aurora desata seus corcéis.
Olho fixamente meu campo de cadáveres.
Se é noite ou dia não sei,
degolei o Tempo,
danço sobre seu corpo branco.

Nada me sustenta
e só possuo uma flauta de osso.

XXV. MEMÓRIA DE ANTAR

Em um tempo cujos contrafortes escapava a nossa memória,
em um tempo cujos anais recobramos inquirindo ao vento do norte,
à chuva caída nas primeiras horas do amanhecer,
       que deixou sobre a areia pegadas que depois nos decifraram,
quando voltavam as gaivotas a pousar na margem —

                                      que uma
    feiticeira chegara,

para nos dizer o que essas pegadas ao acaso haviam deixado,
se nossas vidas se uniriam em um vértice
                                        (fugaz?
na eternidade sonhada?)

                                        — contava os astros que iam
desde o cíngulo de Orion até as Plêiades fugidiças,
e quando a cifra exata se alcançou, tu, mais que Orion,
mais belo de se contemplar que Adonis ou que Endimião a ponto
de abandonar o sono,
                    aparecestes.

Quem pode saber agora o que é fugaz?
                          onde a eternidade acaba?
Em que praia olhávamos o mar, contando as pegadas
das gaivotas, sua direção, seu ângulo —
                          para saber
aquilo que na virada do ano
                          nos aguardava?
Oh teu peito, musgo embriagante.
                          Batia aprazível
teu coração. O mar instável levava nosso sonho.
O mar falava a nosso sonho. Sua espiral girava,
girava dentro, nos envolvia —
                          e não havia nada,
como no centro de um redemoinho: nada —
                          De manhã
um inseto estendia suas patas longínquas.

O sol entrando já —
                          e tudo essa luz devorava
desde dentro, esse espiral de luz girando dentro de nós,
envolvendo-nos, se estendendo até a praia, até as ondas
que sem romper-se tocavam as areias —
                          oh esposas fugitivas.
Teu aroma entre as flores.
O dia roçando nossas cabeças,
impregnadas de luz,

       transverberadas.
Raios de sol filtrados por finíssimas aberturas
tocando-te exatamente entre as sobrancelhas,
           meu coração.
Eu sentia em cada poro teu menor pensamento —
como Isso nos satisfazia, como transbordávamos,
            como enchíamos tudo.

O que é que estava dentro ou fora?
Existia essa luz dentro de nossos corpos, ou estes,
envolturas opacas, se achavam na luz, inadvertidos,
        mínimos?
O que é que estava dentro ou fora?
           O que é que não estava?
A luz, massa compacta da qual emergiam
   nossos corpos, à qual voltavam.
E cada coisa era um resplendor vibrando de leve,
   ondulando na luz.
E isso já aconteceu e é recordação ou é algo que virá?
Ou está acontecendo agora em outro espaço?
            E o que há depois?
Haverá depois? Haverá saída desta luz sem portas?
E se isto for só um sonho, oh meu amor, nós o recolheremos
    como aranha que devora seu próprio fio, até descer a essa
    margem onde nem antes nem depois poderão juntar-se

  agora?

Estes pensamentos já trazem de novo sua gravidade,
já se condensa em formas, já se oculta,
          a luz,
já nos devolve a nossos corpos.

Teus olhos retinham o ouro ainda inundando-nos.
Teus olhos, sobre a margem quieta,
no vazio das formas,
      sem fala, sem imagem.

Eu acariciava teu cabelo, *igual à cevada dos campos.*
Como um guerreiro, imóvel, te recordo.

E a Luz,
mais forte que a luz do sol,
        ainda brincava em nossas pálpebras.

1987-1989

—

De *Jaguar*

JAGUAR

I

Menino jaguar.
        Serpente.
Presas abertas,
olho que cresce.
Tua pupila devora o céu:
noite cheia de olhos.

O rio carrega caracóis
que na rocha se prendem
        — turquesas sob a água — ,
a areia sela seus segredos.
Entre as pedras, aranhas;
abelhas amontoadas sobre as florações
                no limo.

Noite em que descem para beber os tigres
silenciosos como enchentes súbitas.

Menino jaguar,
em teus olhos se entreabre a noite.
Adormeces

quando o sol dispara suas flechas
entre as copas das seringueiras
e acende a penugem dos macacos.

II

Penacho,
fogo abrindo sua linha na savana.
O velho lança seus dentes de jaguar
como sementes
                na terra sem dono.

Texugo,
        rio de pedras claras.
Velho com feixes de ramos
                sobre o ombro,
com seu bastão de fogo,
com seu rebanho de anos.
Lá se olha ao monte
esquadrinhando em direção ao norte
                        com seu bastão de comando.

Murmura invocações,
                silvos de lagartixa.
Senhores com oferendas à chuva
tomam forma nas nuvens.

Tormenta,
        fragor sobre as árvores.
Nenhum pássaro grita.
Os macacos tapam a cara com as mãos.

III

Homem jaguar,
            rapaz,
boca esculpida.
Me acende o dia,

                  me alcanças.
Teus dentes emparelhados.
Tuas mãos —
                desatam meu vestido.
Olhos de jaguar,
                farol amarelo.

Em todos os lados apareces.
Sais debaixo da terra.
Furtas dos Senhores da Noite
as garras,
os caninos.
És o sol no escuro.
És guerreiro,
                tu lutas.
Manchada de estrelas fica tua pele,
teus braços,
                cor de cinabarita.

Pela noite me levas.
Vamos seguindo pegadas
                não sabemos nem aonde.
Corres como esquilo,
ouves como um cervo,
farejas o ar,
                nariz de jaguar.
Testa amarela.

Sou a escuridão onde apareces.

—

BACALAR

para Patricia e Alberto Blanco

A lagoa emerge da noite.
Lugar onde se apaga o chão da memória,

onde se cortam as raízes —
e a flor exala seu perfume mais puro
                              antes de murchar.

Lugar onde abundam os caniços.
A flor d'água se abre na várzea
quando a toca o sol.
Os peixes cavam galerias
ou revolvem o fundo agitando crias pequeníssimas.
Moscas dormem na superfície.

A bruma se levanta sobre a água.
A terra se despedaça como uma bandeja de barro.
Abaixo os caminhos dos homens:
                      caminhos de formigas.

As nuvens cobrem tudo como o sonho.
Perco substância,
transcorro sem forma entre montanhas adormecidas.

Como uma imensa olheira se abre a lagoa,
e o olho d'água sepultado
se sonha nuvem entre as arraias.

—

TENAYUCA

> *Desceu à terra a morte florida,*
> *já se aproxima daqui,*
> *na região de cor vermelha a inventaram...*
>   Axayácatl

Parca a noite
fechará seus dedos
sobre o chumbo borrado do crepúsculo.
Silhuetas de serpentes
assomam cabeças desiguais desde a linha simples.

Assim trouxe o equinócio
distinta fortuna a cada um,
e foi para nós
a serpente enroscada que se ergue
sem estender sombra alguma.
Equinócio.
Seu silêncio como uma fresta para outra vida.

Agora, enquanto a tarde enche ainda o horizonte,
enquanto podemos ver como desce
de cara para a pirâmide
o sol avermelhado,
                      de sangue fecundo,
enquanto andamos ainda sob este muro
                              cheio de caveiras,
agora, nos amamos.

Chegou em frente a nós sem tocar-nos
o Senhor da Morte.
De seus espelhos saíam os relâmpagos,
sob seu passo a terra trepidou.
Passo de dançarino,
                    tropel de espectros.
Suas pegadas deixaram gelo nas gargantas,
pó sobre o sangue seco,
escombro sobre os corpos mudos.
Ouvimos chiar seus emissários.
Seu tráfico funesto feria o ar,
e o sol brilhava em tanta destruição.

Túmulos, folhas abrindo entre suas pregas o outono.
Ao fundo a memória que se esgota.
Sabor de medo que se vai,
do medo que nos deixa
ao olhar-nos de frente
antes de que seu grito quebre nossas vozes,
antes de que seu abraço nos separe.

De tanta ruína
onde o pasmo os olhos agiganta
na ferida ou na perda,
de tanta ruína nos alçamos.
Nos alçamos intactos para amar-nos
enquanto a morte cantava a nosso lado.

Cidade do México
22 de setembro de 1985
[3 dias depois do terremoto]

—

A RUMOROSA

Pedras,
como os ossos dispersados
dos ancestrais.
Fios de vento atando-nos ainda
a essa voz vinda do além.
(O voo cerimonioso dos abutres
termina junto à vítima).
A voz
desfiando o rumor
alça sua advertência
nas voltas do caminho
onde outros abraçaram sua morte.
Pedras como dentes,
mesetas,
nimbos.
Eco tombando
até o fundo da passagem
Silêncio total:
os passos do enviado sigiloso —
te voltas sobre o ombro,
desaparece.
Se aparece outra vez nas franjas das encostas,
se transforma em serpente

em corpos de amantes enlaçados,
em pássaros —
voam em debandada
para o topo de outro monte.
Ovos gigantescos.
Ninhos petrificados nos cumes áridos.
E o rumor
como um sobressalto de ave de rapina
alcança com seu hálito frio tua nuca.

—

XIBALBÁ

2

    — Ia a Xibalbá...

Se levanta como um pássaro
                      em meio à reunião.
Suas palavras soam e ressoam:
bola golpeando contra os muros.
E em um claro polimento
                      entre as palmeiras
a luz e a sombra dividem o mundo
em um campo de jogo.

O sol,
      a ponto de ser devorado
                            ou devorar.
O destino desse dia
oculto como um pombo entre as folhas altas,
vaticínios cifrados
nessas longas frases do vento
                      nos coquinhos secos.

Matracas,
chiados de serpente

       apressam o tempo em cada volta.

As palavras como bolas de gude
                         batem no peito,
sobem até tocar
os primeiros galhos da paineira.

    — *Em Xibalbá brilham verdes enganosos...*

Se acendem as folhas da amendoeira,
as jovens palmas distraem o olhar
                    de seu cortejo de espectros:
cascas de coquinhos
onde o vento segue soando
                          e murmura
aquilo que se diz ao cruzar os limites

    — *O que esquecemos.*

4

    — *Em Xibalbá*
    a voz se congela numa chuva de pedras,
    nas folhas das árvores aparecem navalhas.

           Olhares errabundos,
           fios cambiantes

Os olhos
o acendem nas vias do trem,
no barranco.
O perseguem
com perguntas que não sabe eludir.

Varado
na metade da noite.

A memória desatina.
A vida inteira
    é essa noite
de insetos malignos.

Sobre veredas que se bifurcam
       ou se cruzam
seu corpo estendido
a cada noite se dessangra,
se levanta
   roçando a aurora.

   Nos limites de seu saber
   vislumbra o horizonte
   onde a mente nunca chega.

5

Implacável a solidão de fora
Insondável
o fio onde começa a vida subterrânea —
    e no meio do campo
        ele desaparece.

Ficam só os olhos enfeitiçados —
assim as cornalinas que perdem o lustro
       com o passar do dia —
pedras só visíveis sob a lua crescente.

Frescas estalagmites,
recintos
onde o sol penetra como lança
    desde as aberturas altas.
Uma ceiva de jade,
águas azuis sem fundo —
    o coração nelas submerso.

6

— Pelo grito de um pássaro,
por um raio de luz
                              entramos.
Vimos ainda um esvoaçar,
passageiro nos galhos.

Deixamos a hora,
o andaime púrpura
e fomos nos desprendendo
                              de tudo o que éramos.

1985-1990

—

De *Moira*

AS VOZES

8

A consciência de ser
transpassa como um pássaro
                          a claridade.
O sol aberto em galhos
move partículas de luz
                        pela janela.
Um lentíssimo rumor nos corredores.
No campo se acendem as asas dos insetos.

O tempo se dilui
em círculos cada vez mais distantes.

Erosão em relevo:
a nave encalha
                 nos arrecifes.

Metais irrompem na noite.
Nada extingue seus ecos,
rima do pensamento
que assoma sua própria morte
e se descobre no rumor
        cruzando como um pássaro
                      a escuridão.

10

Um golpe se encaixa na intimidade do coração.
Se vai e regressa,
como as pombas se desprendem do mesmo telhado
                                    para voltar.
Persiste
igual ao brilho nos azulejos da cúpula.

A distância uma paisagem de água
abre na mente um desejo,
        a traslada a outros vales.

Desprender-se dos laços do corpo,
habitar outros corpos já idos,
os mesmos que alojaram esta consciência
que junta agora suas memórias
como se derretesse as células de uma colmeia
e o sonho separado de cada larva
dissolvera suas asas pequeníssimas
                no mesmo desbordamento.

Um zumbido que aguarda,
um voo que se sustenta contra o cristal,
        tentando em vão transpassá-lo.

No telhado
as pombas recolhem o sol sob seus bicos.
Saciadas de luz, seus colarinhos resplandecem.
E o coração —

se afunda mais nele
 — folha finíssima —
algo como uma dor.

—

A ILHA DOS MORTOS

4. A TUMBA DE CHATEAUBRIAND

para Carmen e Álvaro Mutis

i

Vozes seguindo um sonho.
As ondas quebrando nas rochas
toda a noite
 como uma oração.

Sonho de fiandeira,
enrola mais e mais
 um fio que se rompe.

Grito de gaivotas como pregão.

ii

A maré cobre a areia e suas pegadas cruzadas
entre as grotas de moluscos,
sobe até o quebra-mar
 — troncos eretos
 como um monumento funerário.
A maré corteja a memória
a propicia,
 deixa um óbolo claro na indistinta oferenda.

iii

> *vozes de umas mulheres invisíveis...*
> Chateaubriand

Desde a muralha
e seu musgo de lentejoulas amarelas
a maré abre o caminho para a ilha dos mortos,
              a cruz olhando para o sul —

A memória se dispersa,
se aninha na embriaguez da onda;
a arrastam correntes ocultas
desde as vias do além-túmulo
              até o instante de vida inexpressável:
a saída do sol no equinócio,
crianças correndo pela praia,
centenas de crianças multicolores.

E mais além,
        a multidão de almas.

Saint-Malo, 1991
Equinócio de primavera

5

Da massa do sonho um pensamento se desprende
como um crustáceo da rocha
              nas marés altas.
Escuto minha morte junto ao mar.

A cordilheira de montes descarnados,
baixa até a costa.
Os cumes emergem da água como ilhas.
O sol se oculta atrás das nuvens
só um brilho nas ondas o delata.
Assim, algo fala de vida

quando só a morte me rodeia.

Desde a margem
corro ao encontro de uma onda,
e é seu abraço
o de uma deusa amamentando galgos.
E mais além da matilha de espuma.
                    a imensidão idêntica.

—

DESLIZAMENTO

*...ivres
d'être parmi l'écume innconue et les cieux*
Mallarmé

1

Desde o ritmo de um relógio de areia
entre o momento já passado
e toda a fortuna
            em espera de sua consumação,
cada instante,
como grão que cai,
carícias que já ficam
no fundo da memória que se vai,
cada instante
            toca a eternidade.

O legado intacto
desenvolve em suas dobras
                um destino.
E os minutos que aguardam
                sua passagem pelo tempo
como almas esperando nascer,
sementes desejosas de se abrir,
estendem do coração uma ponte frágil.

A multidão de existências
se desloca
da vida à morte,
              da morte a outra vida.
Vemos caindo em uma rajada
vidas como grãos de areia,
                      átomos de tempo
no deslizamento inacabável.

Ínfima a mudança no olhar,
o espasmo nas mãos,
e nosso abraço se abre para o eterno.
O tempo cessa,
o eixo imóvel em seu centro
nos mantém instáveis
inverte o curso do devir.

Fulguram restos de imagens
no pensamento,
                  manchas desbotadas
que à distância devora o horizonte

O mundo segue nos corpos angustiados
e a alma em fuga
              se remonta por cima
de forma, mundo e tempo.

3

Âmbar líquido em teus olhos,
pão na tua testa.

Ora convertido em cego,
ora olhando as formas,
abatido,
          enganoso.
Ora deixando-te amar,
disposto como uma oferenda.

Oh assediado,
como tocar-te
em tua perfeita nudez.
Cristo estendido,
Orfeu regressado do Inferno.
Se te tocasse,
            te despedaçaria.

1991

—

De *Urracas*

1

Uma cúpula para o vazio,
                      longo ulular.
Grafias nos muros do túnel.

Do sonho ao real visível,
do visível ilusório
              a outro sonho.

Disse:
      "Não me chames agora. Quando vier
      não poderás suportar-me, e desejarás
      que eu vá embora e eu não irei. E nada
      em ti restará igual ao que era."

2

Um revoar imenso
descende
            sobre sua própria sombra.

O chão se corta como uma página.

Habito a fenda que abres
       sob meus pés,
me volto para o vazio que te enche,
a ti, que és abismo.

3

A noite emerge para a consciência,
mostra ásperos teu gume,
a farpa que crava na costela
       sua nota mais aguda.

Para escutar os ecos de tua voz
afundo em teu pélago
e por ali perambulo,
       peixe cego,
até voltar
aberta como uma pergunta,
transpassada,
ébria de inexistência.

6

Coisas a ponto de se incendiar
em meio a sua quietude.

O olhar
esgota a forma em um instante
e volta a seu pasmo.

O peito como uma caverna.
Teu fogo que devorou tudo,
ardendo ali,
      sem consumir-se.

14

A asa
      roça os gumes translúcidos,
brilha nas aparências.
O mar se verte na margem.
Tua treva se estende
                na consciência.

                                        1993-1994

—

De *Poemas del Niño Rãm*

1

À sombra das amendoeiras
sob a lua,
protegido por uma naja,
um menino dorme.
O encontra a mulher
que seguiu um caminho
onde se acendem luzes azuis,
onde um rumor de água
corre pela grama seca.

3

Nada te supera em formosura.
Tua cabeça é perfeita,
tua pele, ouro noturno.
Teus olhos veem desde antes
que teu corpo existisse.
Teu riso é claro,
teu choro é forte
e teu silêncio
faz com que tudo se cale.

4

Sobre a areia
um enigma as pegadas a teus pés.
Caminhavas em círculos?
Davas pequenos saltos ao acaso?
Por toda parte
                      indecifráveis.
Os   dedos
botões de jasmim.

8

Sentado sobre a terra
brincas com duas pequenas najas.
Se enredam em teus braços,
se erguem para ti.
Alguém te chama.
as najas deslizam
                na grama
e teu olhar é verde.

11

A febre fere teus lábios.
Teus olhos
        abertos
não olham.
A febre os captura.
      Dança diante deles
                com sua gola vermelha,
e tu dizes:

        Um corvo veio,
        um corvo
               se foi.

14

Desde o fundo do pátio
olhas quieto a tarde.
Deste tua comida aos corvos,
deste teu leite ao gato.
E quando te interrogo,
dono do sim e do não,
                me dá teu silêncio.

17

Junto ao poço, te chamo.
De teus olhos
negros como a noite dos mundos
se desprendem duas luzes.
Me cravam em seu brilho.
Desaparece o poço,
desapareces tu,
desapareço eu.
Só resta a noite
em pleno dia.

22

Toda a tarde brincas no templo.
Os pássaros comem
                as oferendas.
Desde a saia da deusa
        roda um fruto para ti,
se banha em teu sorriso.
Quando sais,
a lua desce os degraus
              junto contigo.

24

Uma víbora
deixa caligrafias sobre a areia.
O rio ondula jaspeado,
a água brilha como escamas.
As garças procuram pequenos peixes,
e tu, juntas os mais belos,
                    os mais polidos seixos.

Tua voz é uma torrente cristalina.

25

O sino vai contigo pelo pátio.
Despertas as árvores,
os pardais que se aninham.
A bruma se levanta sobre os telhados
e teu sino a transpassa,
chega às nuvens
que se tornam amarelas,
alcança o monte mais longínquo.
O vale inteiro desperta
com o sino que tocas no pátio.

Ganéshpuri, Índia

—

De *Cantáridas*

1

A pedra vermelha
    — sangue da serpente —
se deslava no dia

a luz cai sobre o santuário

2

Nas ruínas desertas
secos gafanhotos
cascas
queimaduras

rastros de babosa
na língua

3

Serpente
    a que sabe e engendra
    a que cala
    a que aniquila

para alcançá-la
haverá que tomar-se vento
entrar pela fenda da rocha

ser a língua de fogo
        flecha do deus

4

Onde fizeram rodar
as pulcras ânforas
se esconde

suas palavras
        pedras espalhadas

um canto quebrado
entre os passos surdos
e os espinhos

5

Em suas volutas ágeis
em suas asfixias verdes
em sua seda bordada
eu respiro

deixo o pó grudar em meu tronco
deixo o vento cantar entre meus dentes

em seus círculos órficos
em seus olhos geométricos
em seu abraço de serpente
eu expiro

12

Língua balbuciante
ondula
        nas sílabas que emite

língua de fogo

se devora em suas frases

14

Canta entre a fenda

desliza suaves dedos no pescoço
roça fugaz a coxa

é agulha pontual
reto silvo   flecha

15

Atravessa as capas
                do sentido
frase tão úmida

        vinho que se filtra
                de um cântaro fechado.

16

Em troca de uma flor
                da imortalidade
nas tesas urtigas
deixa como prenda
                sua pele

o vento bisela
                suas escamas

17

E a voz de espinhos
detém nas secas envolturas
uma forma vazia

se desfaz na língua
                como palavra viva
se glosa nas cadeiras
como silvo ondulante
                como chama

21

Em farrapos
        a trama cuidadosa
nada deixa nas mãos

fragmentos de sentido
                pedaços de pele

24

Tudo desaparece
        em uma luz no interior

o silêncio devora as palavras
como insetos pequenos
                cantáridas

                                          1997-1998

—

De *Los sueños*

O SONHO

Em um extremo da brancura,
a ponto de alcançar a superfície
o sonho assoma até sua rede,
até suas densas cromatinas,
                suas teias de aranha.

O minuto detém em seu centro
                involuções lentíssimas.
Quem dorme não quer despertar,
não quer que o arranquem
                      do destino seguro.
Dá voltas em velhas curvas
e chega
ao mesmo jardim deserto da consciência.

Aparecem memórias
na quieta superfície
onde brilha como uma lápide

                              a vontade de esquecimento;
rompem o respirar compassado
de quem dorme.
Se volta para sua própria vida,
guarda seus sonhos
                              sem tocá-los.
Em meio a signos encontrados
a aurora abre fissuras
e as matérias do vivido
                              e do não vivido
se dissolvem no mesmo sedimento.

5. O HERÓI

Intocado pela recordação ou o desejo,
só deixando-se penetrar de verde,
lancetas sonoras dos grilos
                              em pleno dia;
detido na rede da aparência,
olha as visitas dos urubus,
os guarda-chuvas amarelos das prímulas
                              cobrindo o gramado.

A seiva se torna fulgor avermelhado.
A ladainha da cotovia
penetra devagar entre as folhas vivas
                              e as mortas.
Abismado em seu não fazer,
aflito como os vagabundos e os loucos,
vê nos montes de folhas
               um barco a pique.

Estranho entre os seus,
com tão poucas coisas nas mãos
diminuídas,
          opacas,
reconhece o mesmo campo:
condena a memória reiterada

formando cúmulos idênticos,
areias que se estendem como livros lidos.

Sente nas costas um revérbero,
                              um galho que cai.
Deixa esgotar a música das fontes.
Angústia de um sol que não se oculta,
                              zumbido intermitente —
uma condenação à imortalidade?

O herói sobrevive a sua glória,
vai se isolar como um leão velho,
e vê sua proeza esquecida,
a pontualidade detestável dos dias,
o céu fraturado
                como um crâneo.

Desemboca em um pátio deserto,
sem um mínimo emblema.
E onde não faz sentido preguntar-se
                            se escolheu bem,
onde tudo emite o sinal inverso do desejado,
abriga a contrapelo
                um designo muito pálido.

O coração,
                pequena nascente
salpica os trevos de escarlate
e a memória redobra sobre si mesma
suas formações de enxofre:
rosa das areias,
                vai fechando suas pétalas.

10. A ESFINGE ANTE ÉDIPO

Como um imortal,
com o emaranhado de cachos
                          apertados na têmpora,

os olhos negros,
se faz presente como um fio —
a que o vê se pergunta
                      se ele sabe.

      "Uma gota de sangue
                      para teu abismo."

E é ela quem se abisma
no reflexo implacável desses olhos.
Coisas muito outras dizem suas palavras,
veneno doce,
            ponta de flecha oculta:

      "Aqui está minha semente —
                      a semente de minha amizade."

Deixa-o se aproximar
sabendo que traz a morte
                      nos cabelos —
    emolduram a cara
    com a sombra da barba rala,
    máscara perfeita do jovem deus.

E o deus que carrega dentro
    — vestido de negro,
    com a lua na orelha —
concentra em seu olhar
um caminho semeado de ossos,
a façanha
            na impaciência de seus gestos,
            no império de sua voz.

Sorri
      — lábios finos,
         dentinhos de fera.
E uma a voz
         e outra a cifra.

Fala,
repleto do peso de seus sonhos.

Por um momento se abre,
                        vulnerável,
mas é ela quem recebe
a ponta certeira.

Pausas,
olhares voltados para o brilho recôndito —
                                      o próprio abismo.

20. A ILHA DOS PÁSSAROS

Árvores grisalhas,
que espírito as habita?
que espíritos entram
no tumulto inextinguível
                        dos pássaros?

Rente à água,
como um um afã repetido
a fila de patos silvestres
                        se crava no entardecer.
O sol se funde em cinza e ouro
sobre o rastro da lancha.

Os pássaros,
tentando penetrar no sonho
                        como augúrios.

Na última, frágil
                gelosia de luz
o tempo se deslinda.

É só desembocadura,
braços levando
             para a imensidade

O curso, lentíssimo,
não turva o reflexo
                sobre a água.
Assim persiste o ilusório
abraçando-se a margens
                cada vez mais distantes.

E irrompe a asa negra sobre a mais alta fortuna.

A dor, ali,
aguarda que algo lhe dê forma —
                a do rosto da morte?
                  o abandono pressentido?
Uma vertigem sobe do fundo.
No recôndito
            giram folhas
    e libélulas mortas.

Ela se adere a seu sonho
enquanto a sombra se insinua,
                      intolerável.
A presença ainda ali
                e já ausente,
a despoja —
    "até a última gota
    da fortuna havida
            entre seus braços."

Os pássaros abrem as têmporas
                corredores azuis.
A mente não suporta a fissura,
o sopro do real
que encaixa na água
              suas pontas de prata,
fraturando o reflexo.

Um voo cruza desde o sonho
lá onde os pássaros escurecem a ilha.

AMANHECER

> *Desgarram meus sonhos os pássaros verdes*
> Odisseas Elytis

Se tecem
as fibras cuidadosas
              das passagens diurnas.
A trama suspende entre seus ocos
brilhos indecifráveis

Ao pressentir sua própria imagem
as criaturas do sonho
resvalam até um fundo não alcançado.
Rente às coisas visíveis
se abre na testa
              uma fenda irreal.

O coração transpassa a penumbra.
O medo do retorno
se desprende do tempo
e as redes que sustentam o sonho
                      se desgarram.

Um fogo entra no coração
Nada fica intacto depois desse abraço.
As formas do sonho dançam,
                  se incendeiam,
sob uma luz
            que a alma desconhece.

E despertou
para o limite insondável,
não pressentido sequer.
A gestação de longos filamentos,
                    ronda sem fim,

o entressonho de crisálida
adivinhava vagamente sob um véu
   — cor que emerge de uma tela negra
   como uma baba, um fogo fátuo —,
um fio de luz estendido
no firmamento da consciência.

1994-1997

—

De *Ultramar. (Odes)*

AS PEDRAS

4
O sol estala no mármore nu.
As inscrições
ocultam e iluminam suas mensagens:
letras como pórticos,
tríglifos,
  propileus vibrantes —
e ali onde se chocam os nomes e as coisas
se abrem veios no mármore
  como entradas para outros sonhos.

Desmoronam os templos de palavras,
o sentido se torna
  um traço incongruente,
  partícula que casa com o pó.

Escuridão completa sob o sol,
ignorância completa.

Não há marcas da via.
O deus abre e fecha os destinos
igual ao vento que açoita os postigos
    até quebrá-los.

Os passos se repetem.
E as preguntas cegas,
o balbucio,
o tombo,
o susto de pássaro —
      à espera de algo.

Caem palavras
    como moedas:
fulgura seu reflexo nestas pedras
que existiam aqui,
     antes de nós,
e seguirão depois —
      como os deuses.

Corte transverso do sentido.
Olha o oráculo sem compreender.

Tudo começa onde se fecham os olhos.

7

Antinomias
no espaço fechado da consciência.
Caminham o sonho e o real para encontrar-se,
e se olham de frente
só talvez junto à morte.

Se encobre o sol.
Matiz de ervas entre teias de aranha.
O vento leva as flores do eucalipto —
zumbem as abelhas confusas,
apoiam
   com sua voz certa
o sol da manhã

      — brilho de deuses.

Que formas tomam
quando descem para encarnar-se nestas luzes?

Alguém os toca
e quer apenas morrer
na margem do reflexo,
desvalido de tanto mar,
de tanto sol sobre as pedras,
com seu sonho cravado como farpa
no meio dos olhos.

E tua beleza
                    invisível
se ilumina no caminho,
oh Radiante,
                    imenso perante as coisas —

São deuses presos na forma
ou homens presos em um sonho
o que brilha
                    no sol desta manhã?

—

AS ONDAS

5

Mulheres taciturnas,
pinceladas de gesso na parede
                            — assimetrias.

Desde uma crista de lua
as oliveiras se equilibram
                            precárias
no declive da tarde.
Sobem as carretas do verão
                            até o casario alto,

e no pôr do sol
uma serpente luminosa
                         — farol de bicicleta —
ondula nos vinhedos.

Vênus e a lua minguante
                         em conjunção
iluminam as águas.
A ilha
copia a forma dessa meia lua
quebrando o espinhaço
                         entre duas pontas —
restos de seu corpo flutuam
como ossos calcinados.

Assim o mar do sonho junta ou devora
fragmentos da substância dividida.

Em uma asa de inseto os tecidos da visão:
a cidade pestaneja
em vigílias de jasmins-azuis
sobre praias que quase não se distinguem.
Nos pátios fechados
a luz parece ascender de um poço oculto;
brilham os desejos —
                 é tanta a transparência acumulada.
E uma memória de desastre.

Fragmentos de consciência
emergem
           e se submergem,
como essas ilhas.

6. (NAXOS I)

Voo elevado como um grito
                       no entardecer.
   O vento quebra

um espiral de ondas que se afastam.
Ir e vir,
buraco dando tombos —
       e num giro
iluminada de repente
       como um arco celebratório
a grande porta.
Sem muros nem recinto:
       só umbral.

Toda a noite, o mar.
Suas vozes na pele
cobrem de ressonâncias
       os sedimentos do sonho:
criaturas tempestuosas e fugazes,
— voos que se revertem.
Como o olho de deus
já tocando o humano,
a asa partida,
algo desce do céu impraticável
para condensar-se em uma imagem fixa:
a porta de um templo
jamais construído —

Ao fundo em resplendor,
       pó de nossos ossos
cobre o horizonte de ametista.

E no limite extremo de um destino,
se tudo é oferenda
e verte seus azeites íntimos
       no fogo do tempo,
se torna uma substância que se esgota
       e se vai das mãos,
ou se converte em preces de água,
frases de luz,
carícias
  sobre o corpo constante das coisas.

7. (NAXOS II)

Vinhos festivos frente ao mar.
Nenhum mar tão azul,
nenhuma outra imagem
                           tão perfeita.

Basta como argumento a beleza?

O sol descende pela porta de Apolo,
e entre os blocos de mármore
escolhemos pequenos seixos,
             como instantes preciosos.

As ondas repetem o mesmo
que murmuras em meu ouvido.
E esse pássaro,
            nadadeira ou asa,
                     voa como voz,
          alcança o mais alto
                   e se sustenta em um trêmulo —
para descer de súbito
       glissando.

Mar dourado
         quanto mais perto do crepúsculo,
         quanto mais descendem as outras luzes,
                        as escuras.

Os pedaços de pão
que lança um velho à água
desaparece na boca dos peixes —
deixam círculos que brilham ainda
           sob a luz poente.
Lança logo uma isca.
El castelo,
     cor de ouro,
se torna uma mancha melancólica.

Mas o peixe que se depara com a isca
                            não a morde.
Assim sejam os instantes dos que bebem:
que eludam,
                lúdicos, sua morte.

O sol se vai.
A baía se enche de um tremor felino.

Marangas
           — sílabas que ressoam
quando a água avança como uma lontra branca
                                      entre as rochas
e escapole.

Uma figura de proa atravessa finos tegumentos,
brilha por um instante.
Marangas.

Tão cheio de vozes esse mar.
Tão carregado de sonhos o navio.

—

AS CIGARRAS

7

Raptos intempestivos,
                          respiração palpável,
cavernas latentes nos muros.
Ah penumbra
sonho que se apodera,
crava em seu sítio,
e faz descer a seus limbos levíssimos.

Subitamente quieta,
a língua saboreia seu lento monossílabo,

seu lume comedido.

Nesse fundo,
em uma dilatadíssima curva de tempo,
a água imóvel
                transpassada
por dardos de luz
captura o ouro momentâneo.

Fechados sobre sua própria finitude
os olhos contemplam impassíveis
um esvoaçar
que o tempo aproxima
                      de seus fogos insones.

E nós
ardemos com a cera
                  de nossa própria substância
para tornar-nos algo na lonjura,
                            indistinguível
daquelas pedras quebradas,
desses nomes já idos.

9

Vejo desdobrar-se entre as mãos
                      as criaturas do sonho
sem saber o que se engendra
entre meus passos
              e as rochas que afundam nos pés
                            seus cantos ásperos,
entre meus olhos
                e os mosaicos desbotados
            — Dionísio alado em sua pantera.

O último barco pesqueiro
se recorta como um inseto luminoso.

Não se toca fim,
há só um giro
que abre à vista outro vão
      interminável
Não se toca fundo —
não há fundo,
só um revoar,
    gritos,
imagens que se seguem
   — testamentos de Orfeu.
Nada sobra adiante
    ou atrás —
substâncias sonhadas,
     asas,
coisas que brilham
e se juntam nas praias.

O sol se vai.
Os reflexos se tornam opacos.
Bruma cor de malva.
Oh mancha do horizonte
     como um sonho que se apaga.

As ondas são já só ebriedade.
gritos que se tornam luz movediça.

Grécia, verões 1997-1998

—

De *El vino de las cosas (Diritambos)*

6

Vestido de abismo,
desprendes de teu passo
     ao ser nomeado
  teu brilho mais escuro.

Ébrio,
                mais que esse fundo,
Terso,
      mais que a noite em que me envolves.
Oh Tenebroso,
                oh Tremendo,
ali te escondes.
Quando despertas nada sobra.

E eu estou entre meu sonho
                        e teu despertar.
Vou de meu sopro a tua pálpebra,
estou em jogo
        — como as coisas outras
        que aniquilas
                quando abres os olhos.

8

Vem tua brisa cobrindo o clima inteiro,
teus lábios de fruta acendem
                a boca do inverno.
Se abrem florações na pele,
      pistilos eriçados —

Regresso inesperado a tuas mãos
que roçam já o vestido,
                que se aproximam do seio.

                Perturbas o que tocas
vais vestindo tudo de verdura,
vais deixando em manchas coloridas
flores tantas
        que mal se adivinham.

E quem poderia
        — mesmo conhecendo teu poder de morte —,
quem poderia fulminar

o desejo escondido
   em cada folha,
   em cada colibri?

  Entra a estação florida
com tua rumba e teus cantos,
teu cantarolar ébrio
   como o que espera
      a quem há de matá-lo
     e espreita em cada esquina
        do escuro
com teus olhos de tigre,
o salto alerta
   como quem teme
     em cada dobra
    a noite escondida
com tuas correntes lúbricas,
tuas cores elétricas,
    como quem busca
    algum augúrio
picada de abelha,
zumbido azul
    na entranha de um pássaro,
um canino que morde,
    por onde chegará?
um veneno que cessa
só quando já invadiu tudo.

—

EOLIDES
As Filhas do Vento

1.

Murmuram teu Nome
    nos terraços

inundados de luz
frente ao mar de vinho

2

Serpenteiam na grama
desembaraçam suaves
seus emaranhados

sussurram
       entre as sempre-vivas

3

Juntam suas vozes
ao gemido das pedras
             e os arbustos

Fazem do coração
       uma arpa tensa

4

Desatam seu grito alucinado
             na amplitute do vale

Bramam como novilhos
são uivo ressecado
trino
     inverossímil

5

Se obstinam
     como cenas repetidas
de um mesmo filme

batem nas janelas
percorrem um cais interminável
                    no amanhecer

6

Açoitam as rochas de Hagia Triada
        com suas cavernas para ocultar-se
                            dos piratas

Derrubam o caminhante
no monte que se chama
        Demonotópos

Alçam o rugido do marulho
        até o recinto dos cantos piedosos
                    junto a Panagia

7

Despenteiam
        o jovem eucalipto
fazem cair suas resinas
                sobre os corrimões

Zumbem amorosas
como zangões
        nos buracos das canas

Enchem o olhar de formigas amarelas

8

Despertam
        o espírito guardião do olivedo
Deixam pastar tranquilo
        o apetite das bestas

Afiam
o cinzel azulado
         da vespa

9

Submetem a seu ritmo
         as flores encrespadas
                  no alto dos montes

Tudo transformam em pedra lisa

10

Trazem os ecos
         de uma conversa enfática
         de um badalar de cabras
         de um violino

Cantam na noite
         com seus ares de lamento oriental

11

Engrandecem
suas línguas dentadas
         no inverno do espírito

Forçam a alma
         a se encolher
no seu canto.

12

Escrevem com seus dedos ligeiros
teu Nome
         sobre a areia

repetem   como oração
                    sua grafia

—

OFERENDAS PARA KYPRIS

1

Uma pomba para Afrodite.
As aves desprendem
            três notas claras
no amanhecer,
antes que as cigarras acendam
                    seu grito ríspido.

A montanha de Hélios ou Elías
descaroça a rocha
            sobre os olivedos.
O carro de fogo assoma.
Na baía
devora as gaivotas.

2

Corta em seu sopro a fala,
inibe o voo,
e sob a sombra da figueira
deixa a vespa
        acompanhá-la.
Os zumbidos a acariciam
em seu trono de gozo.
A manhã avança
        como sua graça mesma
saindo da espuma,
oh Anadyoméne.

3

Kypris,
uma pomba de alabastro,
uma rosa votiva
         para ti,
nesta noite
em que bendizes nosso abraço
como o do mar que se estende
até as rochas altas —
e o crescente da lua
         se abraça a ti.
Sírio brilha debilmente
e as ondas são torsos de tritões,
frescas coxas,
         lento vaivém
— e um chocalho de espuma
         nos ouvidos.

México-Grécia, 1995-2000

—

De *Cuaderno de Amorgós*

A NOITE

1

    Dei uma volta na esquina, o sol se pôs. Mudava a fase da lua e fui saindo desse lugar onde as árvores cresciam inclinadas.

    O chão abria indecisões momentâneas no olho do sáurio, pedras soltas pondo à prova a prudência ou a agilidade.

    Vinha à memória a imensa besta cochilando no sonho, junto a um guardião.

Sonho indeciso, entre a fuga rápida e os choques invisíveis, lá na casa dos mortos.

7

Como saber se a estátua que se ergue entre as fontes, insinuando discretamente uma forma, ficou inconclusa
                                            ou foi erodindo.
Esse contorno, como um texto desbotado, estende um manto sobre a realidade.

Rosetas de pedra, signos do sono, engendram notas erráticas, músicas de pausas dilatadas.
Na curva do olho, fechado em sua própria nudez,
                                                                      cinza.

O caminho já não tem regresso. Assim transitam esses sonhos, em ecos cada vez mais finos,
                      até ficarem só vê duas notas que se alternam.

—

OS FURORES HEROICOS

10

A deusa de olhos avermelhados olha desde o caminho onde vão como espectros e não sabe se estão vivos ou mortos.

Os pássaros não conseguem estender as asas. Ruídos, rios como escamandros de sangue. Espesso breu.

O medo se distende no silêncio. Deslizou já a mão que indica o fim das horas.

Nas vias do trem, estação no meio de nenhum lugar, bicicletas tombadas, bigas.

Partiram em meio a fogos extintos, quando o fulgor do céu decrescia,
>estreitando a memória em seu cerco.

Vias impensadas.
Signos que juntam a seus nomes uma carga de amor intempestivo,
>de furores heroicos.

—

A PRESENÇA

1

Vim como esse pássaro que ouviu à distância, entre correntes alternadas da noite, o chamado de seu par.

Indistinguível da própria voz, essa nota única entre todas abriu caminho em seu sono.

Cantava à noite, e um silêncio só tocado pelo vento, esvoaçar que se desprende de um galho, se tornou idêntico à voz.

Élitros pulsando como um toque de graça. Alma e sentidos debatendo-se em seu não entender.

Mais guiada pelo desejo que pela certeza, como se seguisse o rastro vivo de um aroma, vim até aqui.

7

A luz pestaneja nas abóbadas brancas,
>imagens do divino.
Os amantes bebem um do outro.

A noite foge, e algo mais forte arrebata a mente, trazendo ao sonho seu sangue duradouro.

O sol desenha no chão o desfiado das cortinas. Muros azuis de tão brancos.

Os ânimos se mesclam, o olhar se embaça.

As almas escapam no vinho, contando apenas um relato brevíssimo em seu esvoaçar.

8

Dentro de teu abraço a noite dança.

A consciência desliza, resvala como água, flui sobre si mesma sem se deter,
        contempla ainda seus caminhos nas seivas azuis.

Pegadas de luz se desenham no amanhecer.
Antenas sensitivas buscam o mar, se saturam de peixes

e o dia entra com seus hortelãs e seus manjericões, os insetos renascem.
        Zumbem as asas súbitas na janela.

10

Restam teus cumes escarpados, a margem do deserto.
        — cifras só cumpridas quando já não se esperam.

Te desprendes do que juntam a teu Nome e voltas a recolhê-lo.

Respondes no gume do canto.
E tua voz tão nua, tão solta em sua cadência,
        crava no sensível suas setas.

Olho as coisas e deixo que me acaricie tua beleza.

Nenhum mar te contém, nenhum fogo consome tuas oferendas.

Se acumulam estas palavras que não dizem as cascatas de luz, o deleite que perfura, invade, despoja a alma,

cheia de tua presença ou de tua ausência.

Amorgós, Grécia, 1998
Cidade do México, 2003

—

De *Visible y no*

Para Tomás Sánchez, pintor do invisível

1

O rio desaparece.
O pensamento cai como cascata
em um leito mais fundo da própria consciência —
e em sua brancura,
em sua abundância,
     é cascata ou bebedouro?

O rio desaparece sem que saibamos onde.
Sai do ângulo do olho
     e ao segui-lo
o sol de pleno toca com sua graça
a pupila atordoada,
o risco dos troncos,
o orvalho
   e seus campos de diamantes.

Ao fundo na espessura
uma luz se derrama.

5

A garça medita no peixe
                — e o agarra.
E o homem que medita
sentado na margem distante,
um ponto na paisagem
                — um ponto já perdido
                                seu reflexo —,
em que medita ele?
com os olhos fechados,
                o que é que ele agarra?

8

Água rosada na aurora
é nuvem e garça
e bruma colorida.

É hálito do céu,
é resíduo do sonho.
Água rosada.

E o que busca em si mesmo
vê a aurora da consciência
desdobrada
            em seu centro.

13

Oculto e não,
            o que medita.
Visível e não,
            aquilo em que medita,
o que olha
            ou recria,
/o que esquece
            detrás do tangível.

Um passo a mais
e a aparência do mundo
se torna forma oca,
um puro sopro,
som como lança
                que se afina e se crava
          justo no branco.

17

Desde a caverna do coração,
são um
o antes e o agora,
o nunca e o depois.
São um
os três mundos
            e o não-lugar.

Tudo acontece ali
e ao mesmo tempo nada ocorre.

O princípio e o fim
se revertem
se repetem,
      se inventam um ao outro
como amantes.

Cuernavaca, México, março de 2008

—

De *Bomarzo*

> *Viam sem ver, ouviam sem ouvir*
> *Andavam como as formas dos sonhos*
> Ésquilo

> *fiquem conjecturadas estas coisas*
> *que se assemelham às verdadeiras*
> Xenófanes

1.

Não fomos a Bomarzo
senão no fio dessas longas conversas
que sempre nos levavam às mesmas fontes,
que pendiam das glicinas de umas pérgolas
que talvez nunca existiram em Bomarzo.
Se detinham nos silêncios
rememorativos do assombro e do medo
ante um portal que cruzamos
com os olhos fechados,
como se na caverna da mente
aguardassem encontros não queridos
com velhos rostos de nós mesmos,
e o titubeio da memória
e a expressão,
as palavras que nos faltavam,
a inflexão mais débil como um tornozelo que fraqueja,
foram pelo temor de encontrar-se outra vez
no que já se acreditava abandonado.

Ao pé da nespereira,
nesse banco que o mato alcançava
arranhando as perdas,
nos preguntávamos
se nos jardins de Bomarzo
alguém teria falado assim
sobre o ser e o não ser,

sobre aquilo que vai de um a outro
e existe mais além de um e de outro.
E apareciam junto ao arame da cerca,
como harpias,
torpes, ruidosas aves de capoeira
marcando um justo contraponto
com a arrogância que havia detrás da pergunta.

Bomarzo,
à beira de um precipício todo o tempo,
trocando os passos,
veros desafios à Fortuna,
levando ao limite a Mão providente
que de improviso poderia voltar-se contra.
Ou talvez seguisse por mais tempo
guiando o cálice que viravas para deixar,
implacáveis, quatro ases
sobre essa mesa desvalida
nas margens da vila.
Ou se chamavas, com um gesto, a um pássaro
que ao cabo de um minuto vinha aproximar-se
de onde falávamos
entre linhas
do peso do real,
da coluna a ponto de quebrar-se
sob esse peso formidável.
Como Nietzsche em Turim.
E repartíamos aos ventos
paliativos
como lembrancinhas de feiras,
repassávamos os remédios já provados,
o *phármakon* falido — ou *pharmakós*:
bode expiatório ou cordeiro do sacrifício.
Mas nenhum Crucificado
entre esses pontos cardeais do real
nos salvava agora de nosso próprio desastre.

Desviávamos a conversa
seguindo qualquer brisa contrária.
Como nos assustava chegar ao fundo,
e com quanta habilidade interpúnhamos
outros argumentos,
perguntando-nos se a dupla entrada
à Gruta das Ninfas
oferecia uma saída,
se os mortos que deambulavam
nas sombras sublunares
voltavam aqui nas gotas d'água,
ou o que poderia resgatar
do pesadelo do espelho
a um suicida preso entre dois mundos.
Uma mosca morta, grudada no bisel,
fazia discorrer sobre o olho que se altera,
sobre a percepção falida,
a distorção acrescentada às bordas do real
fraguando um engano mais perfeito,
dando um contorno ambíguo
à brutalidade da visão:
o *pharmakós* viscoso, destroçado.

E acabava no real? A verdade era o real?

10

Era apenas nossa espécie *uma piscada
no olho evolutivo da natureza*,
e não podíamos abandonar esses objetos.
Os sustentávamos contra o sonho,
contra marés de esquecimento.
Não eram de um reino nem de outro,
iam no escuro com suas caudas erráticas
para voltar intactos.
Não eram dessa coisas que *deleitam os olhos
e escravizam o coração*,
mas seguíamos guardando seu segredo.

E sentindo as hordas de pensamentos
que rompiam os vasos comunicantes
com suas ávidas substâncias,
       seus venenos,
voltávamos aos sítios luminosos
ainda que uma piscada os apagasse do sonho.

Talvez o temor de descobrir
pequenas verdades baratas,
previsíveis,
nos levava a inventar esses seres magníficos,
sem rosto.
Deuses obscuros e magnânimos
cuja proximidade fundia consigo
o distinto a si mesmos,
voltando todo amor,
sem perguntar
nem contabilizar os justos réditos.
Um deus como avalanche,
como maré louca,
que nos arrebatasse
para deixar-nos em uma margem
sem nome talvez para nós,
deslumbrados,
aturdidos,
sentindo seu amor cego e bruto.

Enquanto isso,
olhávamos de longe nossos objetos impossíveis —
animais perdidos nos livros de maravilhas,
empresas inalcançáveis
para heróis de modestos atributos.
E seguimos, lançando um último resplendor —
como a lula opalescente
que morre ao desovar
e deixa suas esferas diminutas
amontoadas em campos magnéticos,
atraindo predadores.

12

Sonhei com a boca fechada da Sibila.
Um véu pardo caía sobre seus olhos,
e a boca cor de malva
abria uma ferida incerta
entre suas últimas palavras
e o que alguém talvez recolhesse
desses lábios fechados no escuro
sob os muros de Cumas.
Cumas verdinegra.

Ou era tua boca
com sua miséria de Anjo caído?
Eu seguia a linha de tua testa
fazia um nariz de proporções justas.
E entre o rasgo delicado das fossas nasais
e o traço forte do queixo,
a boca alexandrina.

Mais que ta bouche est belle en ce muet blasphème...

Ou era tua boca vista de um além mundo,
que fechava um parêntese — ou o abria?
Não sei que porções da vida ficam dentro — ou fora?
desse caudal que avançava a tropeços
em sua abundância,
precipitando-se contra si mesmo,
arrebatando-nos —
Como o dia em que saímos exultantes
de Père Lachaise
escorrendo água pela roupa e o cabelo.
Choveu a cântaros
quando achamos uma tumba abandonada.
Choveu sobre essas casas cinzentas,
sobre nossas cabeças cinzentas
— oh Sulamith —,

destroçando a flor que havíamos deixado
na tumba de Nerval.
Choveu em resposta direta, com seus raios,
ao que dizíamos sobre a seca —
seca de espírito.
Nos perguntamos quem estaria alojado
nessa tumba à maneira de capela,
cheia de folhas,
que sem reservas nos recebia
como seus hóspedes.

Outros poetas cruzaram essas tardes chuvosas
desde o pórtico de Saint-Merry a Place Dauphine.
Ouvíamos o fraseado das últimas gotas,
ainda que a torrente parecesse esconder-se
debaixo das pedras,
abrindo gretas para o submundo.

Com o gesto dos olhos faltantes
e o rosto perdido sob o véu,
a Sibila indicava outro intervalo escuro.

17

Uma convalescência,
avidez de vida
buscando um refluxo solar,
um golpe de ar que filtrasse
esses recintos de janelas tão altas
como hospitais de guerra.
E ali, quando a vida me triturava
em suas pedras de moinho,
se amontoaram desde um fundo impensado
essas imagens
tecendo em uma teia seus enigmas,
epopeias cifradas,
diagnósticos do milênio.
Talvez juntassem algo de cada parte,

para reconstruir misticamente um todo,
como nos sacrifícios.

Sulcando a pele de outros espaços,
de tempos encurralados no fundo de um poço,
via inscrições no ar,
cifras na condensação das gotas
que caíam pelas paredes,
alongando-se em brilhos intermitentes
como fios de saliva,
enlaçando pequenas sílabas,
palavras flutuantes como bancos de espuma.

Percorri as últimas escalas do real,
que se estreitava cônico e escuro —
um útero
ou a tumba de Atreu,
o interior de uma colmeia abandonada
cujo mel ressecado
era apenas um gesto extenuado,
manchado de escuridão.

Fibras como o núcleo do real,
partículas à deriva,
sons puros
voltando-se para a boca aberta —
garganta fendida do Caos
engendrando a Noite e seus fios luminosos,
sua luz azul crescendo
até envolver-me.

Se abria no alto
absorvendo até ela
a trama obsessiva.
Essa era agora a estrutura do real,
a única que podia representar
o pensamento.

Também parecia a abertura do poço,
Ix-kékem —
raízes aromáticas transpassavam o teto
para descer até a água transparente
que perfumou a pele até o entardecer.
Nadava nessa sombra deliciosa
entre pequenos peixes cegos,
vendo a água azul turquesa
e o sol que entrava zenital
fazer e desfazer sobre meu corpo
serpentes de ouro e lápis-lazúli.

19

Queria ter uma ferida que não fechasse,
uma pontada constante,
uma abelha zumbindo no ouvido,
para não esquecer.
Algo que tingisse tudo de violeta ou de verde,
que tivesse gosto de mel de cedro e lotos;
um sino soando,
uma concha marítima.
Algo que recordasse
que tudo era perfeito,
e não havia mais o que fazer nem aonde ir.

Na metade de um ato intranscendente
de repente tudo se encaixou.
A lua aparecia fugaz atrás das nuvens
enquanto soavam buzinas.
Mas eu não tinha aonde ir,
tinha chegado já,
me encontrava onde estive desde o começo.
Tudo estava já feito,
tudo era perfeito em meio à torrente.
Ia sem ir a nenhum lado,
e não caminhava por temor de,
senão no amor de,

sob a sombra de,
desde a luz Disso,
Isso, Tu,
sem nome.

Uma simples inclinação,
uma pura vontade,
um ir até
com toda a presença
bastou para sentir de repente ali
Tua asa.

Suportaria esse estado?
O mundo era o mesmo,
era só o mundo
e ao mesmo tempo eras Tu.
Onde podias não existir?
E como recordá-lo todo o tempo?
Daí o desejo de uma ferida aberta
ou um pulsar gozoso
como um lembrete,
um centro quieto —
de onde olhar fruir as coisas,
aonde senti-las regressar.

E era isso, que nesse dia
tinhas chegado ao escurecer,
como um ladrão?

México, junho-outubro de 2005

—

De *Nadir*

MORTE

A tarde roça a margem dos canais,
e uma garça sobrevoando a lagoa
marca suas pegadas no ar
desde a ponte onde medimos a queda do sol.

     Ruas percorridas às cegas,
com uma lâmpada estourando ao passar,
e no claustro, onde o plátano amarelo
se desfolha a cada exalação,
a oração de pedra alça em suas notas
anjos que dançam
na ponta de uma agulha.

Olho as formas de minha morte,
nesses bandos de garças azuis,
na equação do crepúsculo
sempre anunciado
e postergado sempre.
Formas de minha morte nos lábios de Rubens,
na aba de seu chapéu,
a sedução —
como um passeio sob sua pérgola
com o sol dourando as acácias.

—

O ABRAÇO

O que intervém no abraço
entre morte e vida?
Que fibras se tocam,
que salivas,
que seivas?

Nunca se disse o que ocorreu no coração.
Prensado em suas memórias
pôde emudecer
congelando sua própria imagem revertida:

      a jovem sacrificada com os olhos cobertos,
      os cabelos loiros aderidos à massa mumificada
      do crâneo; botas de couro de rena, as mãos atadas.

Florescimentos que não alcançavam a metade do verão,
campos cobertos como um manto de bendições.
E abriam as flores em meio à desgraça,
se atreviam a florescer —

As tulipas vermelhas em tua janela,
enquanto a brancura dos lençóis te afunda em seu limbo
e tua boca se pasma na palavra não dita nunca mais.

Quantas folhas distintas, matagal vermelho,
quanto pasto,
— lugar de grilos, de feras diminutas —
foram crescendo até cobrir aquelas flores tímidas,
como veneno em suas raízes.

A memória petrifica o rosto pálido.
E esse estremecimento, esse tremor nos lábios —

rumor de sementes que morrem sem abrir ou sobrevivem sem olhos
para ver-se florescer,
aladas,
tenebrosas.

—

MIDSOMMER

1.

Se o sol da meia-noite
roça bordas perigosas da mente,
deixo minhas perguntas à deriva
entre o substrato escuro
e as ondas epidérmicas.

Se as perguntas se encerram
porque estão respondidas,
e as resposta se abrem
na boca do tritão sobre a fonte,
são jorro diamantino,
um borbotão constante,
sem sentido.

2

O olhar lê no espelho
uma fadiga mortal de seguir vivo.

Os jarros da avenida
estão cheios de flores —
pálidos pensamentos
ou não-me-esqueças
pálidos,
fugazes
como o verão nórdico.

3.

Emerge uma canção
no terraço do bar.
Imigrantes aglutinados
no balcão do fundo.
Incisivo,

felino,
o olhar
deixa uma marca em carne viva,
ara a tarde
con sus lastros anônimos.

—

GALAXIDI

1

As coisas parecem distintas
sob este augúrio.
Céus radiantes ou ominosos
não são os mesmos que deixamos passar,
não é a mesma
a taberna no jardim
nem o vinho que esgotamos
sob o jacarandá esfarelando
em nossa mesa
suas folhas mínimas.
Aquele presente
é uma marca d'água apagando-se
na pele.

5. CANÇÃO

Não teria estado jamais sob tua sombra
se os cravos vermelhos não se enfurecessem
contra a tarde cinza.
Não teria estado sob a lembrança de tua sombra
enfileirando num muro seu voo detido.
Não teria estado sob o nome de tua sombra,
se de sua imagem não restasse
essa clara substância —

Tudo se imobiliza nos galhos
contra o entardecer.
Se escondeu a luz sob uma prancha opaca,
porta que defende o coração
de tua sombra tumultuosa,
de suas canções lúgubres.

6

A realidade do olhar,
a realidade do instante,
dos objetos,
do espaço que ocupam
se dilui
quando tu,
com tua máscara de estrangeiro,
com os lábios vermelhos,
como se tivesses bebido poções mortais
te mostras.

Que impulso de voo se deslinda,
que ruptura feroz
deixa atrás os rumos circulares
e fica te olhando.

7

Nos terraços de Galaxidi
falamos do sonho,
e da noite nupcial dos cupins alados,
da navegação do lagarto de língua azul.
Falamos da morte,
do ganso australiano alternando o cruzamento
com suas duas fêmeas;
do céus escurecidos pelos morcegos da fruta,
e do céu clareado pelas flores das cerejeiras.
Falamos do amor,
do ganso macho grasnando sobre os lírios do pântano,

e da dança dos grous de cabeça vermelha.
Falamos do narciso cativo nas teias de aranha,
da agonia do silvo órfico,
do silêncio do melro branco na neve
                    — aprendizagem do vazio.

ASFÓDELOS

> *ancoremos aqui entre os asfódelos*
> I. Seféris

6

Obscuramente
o tempo brinca na areia
como uma criança.
Invade em minutos dilatadíssimos
esfumando o traçado dos montes,
anula a engrenagem,
a sucessão pontual,
para saltar multiplicando-se
e apagar-nos de repente.

8

Um fragmento de litoral:
na metade do horizonte visível
os barcos ancorados
entre as ruínas do farol e das palmeiras.

Vendo uma ebulição de brilho
deixar nas carenas sua escrita falaz,
decifrar o que se estende pelo sangue
até levá-lo ao limite
e distinguir se essa incandescência
está no sangue mesmo
ou algo a põe ali.

O dia abre como granada seus minutos.
E no horizonte visível da vida:
um farol lança seus sinais
desde a margem outra.

Grécia — Itália, verão de 2007

—

GANGES

Na morte de minha filha Cecilia
24 XI 1967 — 21 XI 2007

1

Algo houve ao sentir tuas cinzas,
o peso suave
envolto em uma bolsa de seda branca,
de teu primeiro peso,
recém nascida
— o rostinho rosado, sereno —
todo aceso na luz
que passava em torrentes pela janela.
Silêncio.
Assombro.
O mesmo eixo disparando no tempo
até o duplo extremo
da alegria e da dor.

Entraste e saíste da vida
em tem próprio tempo.
Teus próprios umbrais,
Teus passos,
só teus.

Um pequeno pacote branco
fechado com uma tira de seda

deixando sentir
como areia
o peso, a passagem da vida.

2

Entrar
aonde não sabemos.
A barca cruza a névoa,
espessa,
como a dor atada ao coração.
Não se distinguem as outras barcas
nem a margem
— pergunta aberta
que se fecha atrás desse muro branco.

As preces transpassam como lanças
a névoa do coração.
Afundam em seus velhos sedimentos
dúvidas que flutuam,
amarguras;
marcam uma ordem em nome
do Conquistador da Morte,
Mrtyunjaya Mahadeva,
o Grande Senhor,
enquanto a barca segue gravitando
até uma névoa cada vez mais densa
e o sol levemente se desenha,
disco pálido,
no meio do nada.
A mão mistura farinha com água,
flores,
sementes
e tuas cinzas
que caem sobre essa mescla propiciatória
enquanto as preces
lhes abrem caminho.
Tuas cinzas,

com suas pequenas lascas de marfim,
vão já sobre o rio, com as flores,
que flutuam e se afastam todas juntas,
acaso acompanhando teu curso;
vão mais longe e se perdem
no cerco de bruma.
E tu, que estás, mas não estás nelas,
não te afastas de mim,
como se tu mesma visses a distância
tudo isso ocorrer,
sorrindo discretamente.

3

Cresces na morte.
A mais tempo de teu não estar aqui,
de tua vida outra,
mais enigmáticos os passos
do que aqui vivestes,
e o que lá vais forjando
em um silêncio que se rompe
quando deixas cair teu riso
pela fenda dos mundos,
ou chegas em sonhos
a perambular sem mais nem menos.
Mas lá, nesses cumes ou ribeiras,
nessas paisagens sem substância,
aonde vais?
que coisas vês?
que sentes?
E aqui,
onde a densidade do tempo
a cada instante cresce,
tuas pegadas em toda parte.

Kashi
Dezembro de 2008

CODA

1

De tudo o que foi
só uma leve reverberação,
um halo difuso.
Os dias e seu peso
são um cisco apenas
agarrado na memória.
E ao entrar nela
tudo o altera.
Reduz ou desenvolve
o passo do gato no jardim,
a sombra no terraço,
o espaço de fundo.
E isso também se vai.
Tudo é apenas esse cisco,
um brilho desigual,
uma mancha.

2

As palavras vão ao lugar
onde tudo se recompõe
depois da dissolução.
Tomam sua forma
atraindo partículas sonoras
como sinos
ou timbres agudos
ou quedas d'água
atropelando-se-
São antes do que nomeiam
e deixam em seus vazios
o deserto,
a noite do sentido

pendurada em outro céu.
Se assomam,
se sobressaltam,
se abrumam em sua bruma solsticial
esperando um signo
que não compreendem.

3

Do outro lado
o gesto dos desprendimentos,
das invocações —
saturação que se libera
como abrir uma caixa de borboletas
à carícia do ar.
E silêncio.

Está contido no ano
a voz inteira sem palavras.
O que se diz
é um acúmulo de nuvens
que chovem,
desaparecem.

A mão sem teu vazio.
O aguador.

Tanto silêncio dentro.
Tantas abelhas.

Cuernavaca
Outubro de 2009

—

De *Escalas*

BADALADA

Para Coral Bracho e Marcelo Uribe

Se acumula na sombra
vibra
      à beira de si mesma
estoura
    e cimbra em cada átomo
cantam todas as suas vozes
em um longo   solitário   grito que ascende
          enche todo o ouvido
                    e se difunde
ascende
        enche todo o espaço
se compacta em um ponto
           — flecha para o alto
ascende
e ao tornar-se silêncio
          se completa.

—

INSTANTE

Para Irinda e Paul-Henri Giraud

Sustentando no instante
o vermelho entre as folhas da amendoeira,
o verde escuro do mar à beira do barranco;
sustentando no instante
o sensitivo
na cabeça da lagartixa
que sobe e desce pelo tronco da amendoeira,
o suntuoso nas antenas
desse inseto multicor

que voa da amendoeira para a palmeira;
sustentando no instante
o estrondo de uma onda nos penhascos,
sustentando tudo neste instante perfeito
se estendam para o alto
a hera,
a fragrância,
a embriaguez.

—

BACO

6

Teu nome é uma rajada,
vento nos olivedos,
aguilhão na nuca.

Teu nome é uma espada,
língua flamejante —
                  queima os lábios
se tocam o duplo jogo de suas sílabas.

Teu nome é um relâmpago,
curva o olhar —
                  volta sobre si mesmo
segue a dança ébria de suas letras.

Um arrulho é teu nome
                  — e o roçar de sua asa
fere o peito de frio e de desejo

7

Brilha uma esfera
irreal
sobre a pele.

Alvoroço
como se contivesse toda a vida
essa mínima gota.

A dafne se curva
até tocar os gerânios acesos.
E entre vocábulos abertos,
o estalo do riso.

—

CE SEUL OBJET

      o centro vibra
       estoura

     o centro se desloca
      se torna muitos
     e segue sendo um

    o centro é um em muitos

      o centro se aniquila
     e deixa a consciência
       à deriva

      o centro se reverte
       sobre si

      o centro se devora
    se consome se consuma

       o centro nasce
    se cria se recria

Paris, 2011

Este livro foi composto em tipos Lexicon e Dalle
e impresso na primavera de 2014.